William Shakespeare, William Shakspeare

Dramatische Werke König Heinrich der Sechste

2. Teil

William Shakespeare, William Shakspeare

Dramatische Werke König Heinrich der Sechste
2. Teil

ISBN/EAN: 9783743404106

Hergestellt in Europa, USA, Kanada, Australien, Japan

Cover: Foto ©ninafisch / pixelio.de

Manufactured and distributed by brebook publishing software (www.brebook.com)

William Shakespeare, William Shakspeare

Dramatische Werke König Heinrich der Sechste

William Shakespeare's Dramatische Werke.

Uebersetzt

von

Friedrich Bodenstedt, Ferdinand Freiligrath, Otto Gildemeister,
Paul Heyse, Hermann Kurz, Adolf Wilbrandt u. a.

Nach der Textrevision und unter Mitwirkung von Nicolaus Delius.

Mit Einleitungen und Anmerkungen.

Herausgegeben

von

Friedrich Bodenstedt.

Sechszehntes Bändchen.

Leipzig:
F. A. Brockhaus.
—
1868.

König Heinrich der Sechste.

Zweiter Theil.

Von

William Shakespeare.

Uebersetzt
von

Otto Gildemeister.

Mit Einleitung und Anmerkungen.

Leipzig:
F. A. Brockhaus.
1868.

König Heinrich der Sechste.
Zweiter Theil.

Einleitung.

Im Jahre 1445 landete Margaretha von Anjou in England; im Jahre 1455 ward die Schlacht bei Sanct-Albans geschlagen, in welcher das Haus Lancaster zum ersten mal den Waffen des Herzogs von York erlag. Diese ganze Periode umfaßt der zweite Theil „König Heinrich's des Sechsten". Nur ein Ereigniß von Bedeutung, den Sturz der Herzogin von Gloster, hat der Dichter aus einer frühern Zeit entlehnt, augenscheinlich um die Herrschsucht der jungen Königin mit Frau Leonorens Ehrgeiz in wirksamen dramatischen Conflict zu bringen, und um überhaupt alles, was auf Gloster's Untergang sich bezieht, zu concentriren. Schon im Jahre 1441, also lange ehe Margaretha den englischen Boden betrat, ward Eleonore Cobham, des Herzogs von Gloster Frau (früher Geliebte), angeschuldigt und für überführt erklärt, mit dem Exorcisten Roger Bolingbroke, der Here Marjory Jourdemain und dem Kanonikus Thomas Southwell schwarze Künste betrieben und dem König nach dem Leben getrachtet zu haben. Sie ward verurtheilt, im Büßerhemd durch die Straßen Londons geführt zu werden, und dann auf die Insel Man verwiesen. Ihren Gemahl ereilte sein Schicksal sechs Jahre später, nicht so völlig unverdient, wie es scheint, obwol er beim gemeinen Volk nur der „gute Herzog Humfrid" hieß. Zu Bury Saint-Edmund ward er vor dem Parlament Hochverraths bezichtigt und verhaftet. Ehe man ihm den Proceß machen konnte, starb er; man fand ihn todt in seinem Bette, und bald hieß es, er sei unter Federkissen erstickt worden. Wie es damit sich verhalten habe, ist unaufgeklärt geblieben; das Volk nahm keinen Anstand, die fremde Königin und den verhaßten Marquis von Suffolk der Thäterschaft zu beschuldigen. Daß der Cardinal Beaufort die Hand im Spiele gehabt habe, ist eine Erfindung des Chronisten Hall, der, unter Heinrich VIII. schreibend, es für verdienstlich halten mochte, einem Prälaten der römischen Kirche die Blutschuld zuzuwälzen. Nur soviel ist richtig, daß der Cardinal bald nach Gloster starb; aber schon seit sechs Jahren hatte er damals, allen Staatsgeschäften fern, in geistlicher Zurückgezogenheit gelebt. Shakespeare ist bei der Charakteristik des Cardinals der Chronik Hall's gefolgt, in welcher derselbe als über die maßen ehrgeizig, habsüchtig und „reich vor allen Menschen" geschildert wird. Die Scene in der Sterbekammer des Cardinals verdanken wir einer Stelle bei

Hall, wo es heißt, daß der Prälat auf seinem Todtenbett ausgerufen habe: „Warum sollte ich sterben, da ich so viele Reichthümer habe? Wenn das ganze Reich mein Leben retten könnte, so bin ich im Stande, es entweder durch Politik zu gewinnen oder durch Reichthümer es zu kaufen. Pfui, läßt der Tod sich nicht bestechen, und vermag Gold nichts?" u. s. w.

Nach dem Tode des Herzogs von Gloster war William de la Poole, seit 1448 zum Herzog von Suffolk erhoben, der eigentliche Regent Englands. Es ist schon in der Einleitung zu dem vorigen Stück erwähnt worden, wie auf seinem Haupt der ganze Haß des Volks sich concentrirte, ohne daß man ihm arge Verschuldungen nachzuweisen vermöchte. Aber als der Mächtigste im Reich hatte er die ganze Last der Verwünschungen zu tragen, welche die Unglücksfälle der Nation wach riefen. Noch haben sich die Spottlieder und Libelle erhalten, welche in jener Zeit gegen den Günstling der Königin erschienen und welche eine Erbitterung ohne Grenzen athmen.

Suffolk schickte den Herzog von York nach Irland, wol hauptsächlich, um diesen hochstrebenden Mann vom Hofe fern zu halten. Der Herzog Johann von Somerset, welcher auf den irischen Statthalterposten sich Rechnung gemacht hatte, tödtete sich selbst in einem Anfalle ingrimmiger Verzweiflung. Schlag auf Schlag folgten unheilvolle Ereignisse: eben jetzt brach in Frankreich, wo Talbot und Edmund von Somerset ohne Hülfe von daheim ihrem Schicksal erlagen, die englische Herrschaft gänzlich zusammen; nicht allein die Eroberungen Heinrich's V., sondern auch die alten Erblande der Plantagenets, seit dreihundert Jahren mit der englischen Krone vereinigt, gingen verloren, und im Jahre 1450 war Calais der einzige Platz auf dem Continent, der noch in der Gewalt der Engländer blieb. Unter dem Eindruck dieser Niederlagen erhob sich ein furchtbarer Sturm gegen Suffolk; das Haus der Gemeinen drang auf seine Bestrafung wegen Hochverraths, Landesverraths u. s. w. Der Hof konnte ihn nur schützen, indem er ihn auf fünf Jahre des Landes verwies. Nach dem Continent segelnd, fiel der Herzog den königlichen Schiffen in die Hände, deren Bemannung den allgemeinen Volkshaß wider ihn theilte. Die Matrosen hielten Gericht über ihn; dann ward ihm der Kopf abgeschlagen, die Leiche auf den Strand geworfen.

Dies geschah unweit Dover, an der Küste von Kent, wo bereits die Bevölkerung in voller Gärung sich befand. Als die Unheilsnachrichten aus Frankreich eintrafen, brach der Aufstand los. An der Spitze stand John Cade, ein verwegener schlauer Mensch, der sich für einen natürlichen Sohn des letzten Grafen von March ausgab und den Namen John Mortimer annahm, weniger wol um daraus Ansprüche auf den Thron herzuleiten, als vielmehr um die zahlreichen

Freunde und Verwandten des Hauses Mortimer zu sich herüberzuziehen. Mit 20000 Mann rückte Cade nach Blackheath, um, wie er vorgab, dem König ehrerbietige Beschwerden über Suffolk's Mißregiment und des Herzogs von York Entfernung vom Hofe vorzutragen, im geheimen aber zu jedem Aeußersten entschlossen. Hall's Chronik erzählt ausführlich die Einzelheiten dieser blutigen Episode. John Cade versprach dem gemeinen Volk Abschaffung aller Steuern und vollste Freiheit; er schlug die königlichen Truppen unter Sir Humfrid Stafford und verbreitete solchen Schrecken, daß der Hof selbst in London sich nicht mehr sicher fühlte, sondern nach dem Schlosse Kenilworth in Warwickshire entfloh, gleichzeitig den Erzbischof von Canterbury und den Herzog Humfrid von Buckingham ins Lager der Rebellen sendend, um mit ihnen zu unterhandeln. Diese Lords, sagt Hall, fanden den John Cade „nüchtern im Gespräch, weise im Disput, anmaßend im Herzen, steif in seinen Meinungen, auf keine Weise zu überreden daß er seine Armee auflöse, es sei denn daß der König in Person zu ihm käme und alle seine Forderungen bewillige."

Als er erfuhr, daß der König nach Kenilworth entwichen sei und nur im Tower eine Besatzung unter Lord Scales gelassen habe, brach er nach London auf, nahm Quartier im „Weißen Hirschen" in der Vorstadt Southwark und zog am folgenden Tag über die Brücke, angethan mit Stafford's prächtigem Harnisch, in die City. Da schlug er mit dem Schwert auf den „Londoner Stein" (vgl. Anmerkungen) und rief: „Jetzt ist Mortimer Herr dieser Stadt" und ritt in fürstlichem Gepränge durch die Straßen. Sein erstes Opfer war Lord Say, Schatzmeister des Reichs, einer von des Herzogs von Suffolk ergebensten Anhängern. Anfangs stellte er ihn vor die königlichen Richter; als aber Lord Say von seinen Pairs gerichtet zu werden begehrte, ließ er ihn ohne weitere Procedur enthaupten. Dasselbe Schicksal traf den Sheriff von Kent Sir James Cromer, Say's Eidam; und beider blutige Köpfe wurden auf langen Pfählen durch die Straßen getragen, an jeder Ecke aber zusammengehalten, „um sich zu küssen", zum großen Abscheu aller, die es ansahen.

Auf diese Greuelscenen folgten Plünderungen, Brandschatzungen, Hinrichtungen, bei welchen letztern übrigens Cade seine eigenen Leute nicht schonte. Wer ungehorsam war oder ihm nicht die gebührende Ehre erwies, ward ohne Gnade geköpft. Endlich ermannten sich die Bürger und griffen ihrerseits zu den Waffen. Der Commandant des Tower gab ihnen Geschütz und einen tüchtigen Anführer, Matthias Gough, der einst in der Normandie tapfer gegen die Franzosen gekämpft hatte. Nach einem schrecklichen Nachtkampf auf der Londoner Brücke, in welchem Gough fiel, gelang es, die

Rebellen auf das südliche Themseufer zurückzutreiben und ihnen das Gelöbniß abzunöthigen, die City in Ruhe zu lassen. Hiermit scheint denn die Kraft des Aufruhrs ihren höchsten Punkt erreicht zu haben; es trat eine Art von Reaction ein; die Rebellen sehnten sich nach Hause, und als der König einen Generalpardon für alle versprach, die von Cade abfallen würden, lief in einer einzigen Nacht die ganze Menge auseinander, „ohne ihrem Hauptmann Ade zu sagen", und so froh, als ob der Papst ein großes Jubiläum verkündet hätte. John Cade aber, auf dessen Kopf ein Preis von tausend Mark gesetzt war, ward nach langem Umherirren von Alexander Iden, Sheriff von Kent, in einem Garten betroffen und dort, „in gerechter Nothwehr", sagt Hall, mannhaft erschlagen. Sein Kopf ward nach London gebracht und dort auf der Brücke aufgesteckt.

Kaum war dieser Sturm vorübergewebt, als ein neuer, gefährlicherer zusammenbraute. Die Unzufriedenheit im Lande war durch Suffolk's Tod keineswegs beschwichtigt; die Gemeinen klagten über Verschwendung des Hofs, Habgier der Günstlinge, Druck der Geistlichen und Lords; nirgend griff die königliche Macht zum Schutz der Unterthanen ein. Während der König sich in Andachtsübungen vertiefte, suchte seine Gemahlin durch Gewalt und Strenge das wankende Regiment zu stützen. Zu ihrem Beistand erkor sie den Herzog Edmund von Somerset, des Königs Vetter, der eben erst mit den Trümmern der besiegten englischen Macht aus der Normandie heimgekehrt war und nun, dem Volksunwillen gewissermaßen zum Hohn, zum Großconnetable von England erhoben ward. (Beiläufig bemerkt, hat Shakespeare aus den beiden Somerset, Johann und Edmund, eine einzige Person gemacht.) Durch diese Ernennung ward die Katastrophe beschleunigt. Somerset galt für einen Freund des verhaßten Suffolk, für einen Fortsetzer seiner Politik; die Gemeinen und ein großer Theil des Adels sahen in ihm einen Reichsverräther, der an den in Frankreich erlittenen Niederlagen die Hauptschuld trage. Groß war daher auf dieser Seite die Freude, unbeschreiblich die Bestürzung des Hofs, als plötzlich im Herbst 1450 die Nachricht sich verbreitete, daß der Statthalter von Irland, Richard Herzog von York, mit 4000 Mann an der englischen Küste gelandet sei, um der Mißregierung und dem Uebermuth Somerset's zu steuern.

Die mächtigsten und kriegerischsten der großen Kronvasallen standen auf seiner Seite, unter ihnen hervorragend durch Besitz, Tapferkeit und Ruhm die berühmte Familie der Nevils, welche damals im Reiche eine ähnliche Rolle spielte wie ein halbes Jahrhundert früher die Percys von Northumberland. Durch Heirathen hatten sie außer dem alten Erbgute bedeutenden Landbesitz erworben, unter anderm die Grafschaften Salisbury und Warwick, jene vom

Vater, diese von dem berühmtern Sohn, dem gefeierten „Königs=
macher", mit den Erbtöchtern ausgestorbener Mannslinien erfreit.
Die Frauen der Familie ihrerseits heiratheten Prinzen und vornehme
Pairs; der Herzog von York selbst hatte eine Nevil zur Ehe, und
solche Verschwägerungen hatten eine große politische Bedeutung in
einer Zeit, wo die Kronvasallen inmitten ihrer zahlreichen Hinter=
sassen sich noch als wirkliche Territorialherren fühlten, die unter gün=
stigen Umständen sehr wohl mit dem Lehnsherrn selbst es aufneh=
men konnten. Zumal unter einem Regiment, wie Margaretha von
Anjou es im Namen ihres schwachen, dem Weltlichen ganz abge=
wandten Gemahls führte. Der Hof besaß nur erst die schwachen
Anfänge regulärer Truppen; aber diese waren weit entfernt, einem
ernstlichen Aufstand des Adels und der Städte die Spitze bieten zu
können. Die Städte und die Sitze der Edelleute waren ebenso viele
Festungen, denen die damalige Kriegskunst nur schwer beizukommen
vermochte; manche von den großen Pairs hatten ebenso wie der
König einen Kern stehender Truppen, Kriegsschiffe und Kanonen
zur Verfügung; Männer wie Warwick führten eine fürstliche Existenz
und verhandelten mit dem Monarchen fast wie mit einem Gleichen.
Ein Schatten dieser feudalen Selbstherrlichkeit ragte noch, trotz der
consequenten monarchischen Politik der Tudors, bis in Shakespeare's
Zeitalter hinein, obwol die Königin Elisabeth freilich es besser
verstand als Heinrich VI., die rebellischen Anwandlungen der
großen Familien zu bändigen. Shakespeare hatte wenigstens noch
eine Anschauung von diesen Dingen und sicherlich viel lebendige
Tradition von dem Schalten und Walten der Nevils empfangen,
deren imposantes Schloß Warwick=Castle ja ganz nahe bei seiner
Vaterstadt am Ufer des Avon sich erhob, wo noch heute die ge=
waltigen Steinmassen von der Macht der ehemaligen Besitzer Zeug=
niß ablegen. Richard Graf von Warwick, Lord Salisbury's Sohn,
lebte in einem Stil, welcher kaum für einen Unterthanen sich schickte;
„sechs Ochsen täglich", erzählt ein alter Chronist, „wurden für sein
Frühstück geschlachtet; alle Tavernen waren seines Fleisches voll;
denn wer in seinem Hause nur irgend Bekanntschaft hatte, der
durfte so viel Gesottenes oder Gebratenes mitnehmen, als er auf
einem langen Dolche tragen konnte." Er war der kühnste und
populärste Mann des Reichs, mitten in der allgemeinen Bewegung
einer der wenigen, denen das Volk Sinn für die Staatswohlfahrt
und für die Ehre des englischen Namens zutraute. Hätte es von
ihm abgehangen, so wären, davon war jeder überzeugt, die Er=
oberungen in Frankreich nicht verloren gegangen. Augenscheinlich
hat auch Shakespeare Salisbury und Warwick vor den andern Lords
als solche auszeichnen wollen, denen neben dem eigenen Vortheil
das Interesse Englands nicht gleichgültig war.

So rasch, wie es in dem Drama dargestellt wird, entwickelten sich übrigens die Dinge nicht. Der Herzog von York (dessen Mitschuld an Cade's Rebellion, beiläufig bemerkt, mehr vermuthet als nachgewiesen worden ist) versuchte anfänglich das Regiment Somerset's auf parlamentarischem Wege zu stürzen; aber obwol das Haus der Gemeinen seinen Forderungen beitrat, behauptete Herzog Edmund, unterstützt von der Königin, sich an der Spitze der Geschäfte. Erst als York eine große Heeresmacht in Wales gesammelt hatte und mit derselben unweit London den königlichen Truppen nahe gegenüberstand (1452), sagte man ihm die Verhaftung Somerset's und die gerichtliche Untersuchung gegen letztern zu. Da ereignete sich eine ähnliche Scene wie die erste des fünften Acts. Im Vertrauen auf das Wort des Monarchen entließ Herzog Richard seine Truppen und erschien in Heinrich's Zelt. Dort traf er Somerset frei und trotziger als je, und nun machte der Groll der beiden Gegner in gegenseitigen Vorwürfen sich heftig Luft. York ward verhaftet, aber bald darauf, als sein Sohn Edward zum Entsatze heranrückte, gegen das Gelübde unverbrüchlicher Treue wieder entlassen. Anscheinend war noch einmal das Geschick dem Hause Lancaster günstig.

Aber jetzt traten drei Ereignisse ein, welche York's Ehrgeiz zu erneuten Anstrengungen anstachelten. Im Frühjahr 1453 fand das Blutbad bei Bordeaux statt, in welchem Talbot mit den Seinen der französischen Obmacht erlag; im Herbst desselben Jahres verfiel der König in eine Geisteskrankheit, die ihn unfähig machte zu regieren; gleichzeitig gebar die Königin einen Sohn, den unglücklichen Prinzen Edward, der später bei Tewkesbury, der letzte Lancaster, erschlagen ward. Während das Unglück von Bordeaux von neuem die Gemüther des Volks gegen das bestehende Regiment erbittern mußte, während Heinrich's Krankheit dem nächsten Agnaten die Regentschaft in die Hand spielte, wirkte die Geburt eines Prinzen von Wales vernichtend auf York's Hoffnung, friedlich und ohne Bürgerkrieg in den Besitz der Krone zu gelangen. Zunächst kam es darauf an, sich in den Besitz der Regierungsgewalt zu setzen, was trotz aller Ränke Margaretha's mit Hülfe des Parlaments gelang. Alsbald wurden alle wichtigen Stellen mit Anhängern York's besetzt; Somerset ward verhaftet und, obwol man ihm auf gerichtlichem Wege nichts anhaben konnte, im Tower verwahrt. Schon kam es zu blutigen Vorspielen des Bürgerkriegs; im Norden erhoben sich die Percys, längst eifersüchtig auf die wachsende Macht der Nevils, und forderten Somerset's Freilassung; während der Regent selbst gegen sie zu Felde zog, genas plötzlich der König, entließ Somerset der Haft und gab ihm von neuem die Zügel des Regiments in die Hand. Jetzt schwanden für Herzog Richard die letzten Bedenken;

es handelte sich von nun an für ihn und seinen Anhang um Selbst=
erhaltung, denn es war klar, daß die Königin und Somerset alles
aufbieten würden, um ihn für immer unschädlich zu machen.

Am 21. Mai 1455 gelangte, auf einer Reise nach dem Nor=
den begriffen, der Hof mit etwa 2000 Mann nach Sanct=Albans;
die vornehmsten Anhänger des Hauses Lancaster umgaben ihn, die
Lords Somerset, Buckingham, Northumberland, Clifford und andere.
Hier verlegten York und die Nevils mit 3000 Bewaffneten dem
König den Weg, forderten noch einmal die Absetzung und Bestra=
fung ihrer Gegner und schritten dann, als man ihnen streng und
ablehnend antwortete, zum Angriff auf die Stadt. Nach einem
hartnäckigen Straßenkampf entschied Warwick's ungestümes Vordrin=
gen das Schicksal des Tages und der Monarchie. Somerset,
Northumberland, Clifford und viele andere Herren fielen im Ge=
fecht; die übrigen flüchteten in wilder Hast; Heinrich selbst, von
einem Pfeilschuß verwundet, gerieth in die Gewalt der Sieger, die
am nächsten Tag mit ihm nach London zogen.

Shakespeare hat die Schlacht von Sanct=Albans, mit welcher der
zweite Theil des Cyklus schließt, gewissermaßen mit der erst fünf Jahre
später geschlagenen Schlacht von Northampton, in welcher Warwick
die Streitmacht der Königin gänzlich vernichtete, identificirt. Denn
auf den Sieg von Sanct=Albans folgte nicht unmittelbar, wie die Ein=
gangsscene des dritten Theils es darstellt, York's offenes Auftreten
als Kronprätendent; immer noch zögerte er, den heftigen Wider=
stand der Lancasterpartei fürchtend, mit dem letzten entscheidenden
Wort und begnügte sich während der Jahre 1455—59, in zahl=
losen kleinen Fehden um den Besitz der thatsächlichen Macht mit der
unbeugsamen Königin und ihren Anhängern zu ringen, nicht ohne
vielfache Wechselfälle, welche von Zeit zu Zeit ihn mit gänzlichem
Untergang bedrohten. Erst als der Herzog von Buckingham und
dreihundert königlich gesinnte Edelleute auf dem Schlachtfeld von
Northampton erschlagen lagen und Margaretha völlig verlassen mit
ihrem Kinde nach Schottland flüchtete, wagte er es, die Larve
abzuwerfen und die Krone für sich zu fordern. Uebrigens waren
die Umstände nach beiden Schlachten einander sehr ähnlich; auch
in Northampton fiel der hülflose König in die Hände der Sieger,
die ihn mit sich nach London führten, um dort die Früchte ihres
Erfolges unter der formellen Sanction des Parlaments einzuheim=
sen. Um so eher mochte der Dichter beide Ereignisse in eins zusam=
menziehen.

Der zweite Theil „König Heinrich's des Sechsten" ist, ungleich
dem ersten, bereits zu Lebzeiten des Dichters gedruckt worden, wenn
auch freilich in einer so mangelhaften Weise, wie sie nur auf der

niedrigsten Entwickelungsstufe des Verlags- und Buchhandels denkbar ist. Ein piratischer Londoner Verleger, Thomas Millington, gab 1594 ein Buch in Quart heraus, welches zwar im wesentlichen den Text unsers Stücks enthielt, aber so verstümmelt und verfälscht, daß, wie wir gesehen haben, spätere Kritiker ihn für ein selbständiges Machwerk gehalten haben, welches von Shakespeare nur — in der uns vorliegenden Gestalt — bearbeitet worden sei. Wahrscheinlich ist es, daß Millington, welcher das Manuscript des Dichters nicht erlangen konnte, seinen Text aus Schauspielerrollen und Aufzeichnungen von Zuschauern zusammenstoppelte und die übrigbleibenden Lücken von einem literarischen Handlanger ausfüllen ließ. Diese elende Ausgabe ward im Jahre 1600 und 1619 neu aufgelegt; aber erst in letzterm Jahre, also nach Shakespeare's Tode, erschien sie mit dem Namen des Dichters. Der echte Text ist zuerst in der „Folio von 1623" gedruckt worden.

Jene schlechte Quartausgabe von 1594, von welcher nur ein einziges Exemplar (in der Bibliothek zu Oxford) existirt, hat folgenden ausführlichen Titel: „The first Part of the contention betwixt the two famous houses of Yorke and Lancaster, with the death of the good Duke Humphry: And the banishment and death of the Duke of Suffolke, and the Tragicall end of the proud Cardinall of Winchester, with the notable Rebellion of Jack Cade: And the Duke of Yorkes first claime unto the Crowne. London Printed by Thomas Creed, for Thomas Millington, and are to be sold at his shop under Saint Peters Church in Cornwall 4594." (Der erste Theil des Kampfs zwischen den beiden berühmten Häusern York und Lancaster, mit dem Tode des guten Herzogs Humfrid: Und die Verbannung und der Tod des Herzogs von Suffolk, und das tragische Ende des stolzen Cardinals von Winchester, mit der denkwürdigen Rebellion des Jack Cade: Und des Herzogs von York erster Anspruch auf die Krone. London, gedruckt bei Thomas Creed für Thomas Millington, und sind zu haben in seinem Laden unter der St.-Peterskirche in Cornwall.)

In der rechtmäßigen Folioausgabe von 1623 lautet der Titel einfach: „Der zweite Theil von König Heinrich dem Sechsten, mit dem Tode des guten Herzogs Humfrid."

Wegen des Verhältnisses der beiden Ausgaben zueinander und der damit zusammenhangenden Frage nach Shakespeare's Autorschaft verweisen wir auf die Einleitung zum ersten Theil.

König Heinrich der Sechste.

Zweiter Theil.

Personen.

König Heinrich der Sechste.
Humfrid Herzog von Gloster, sein Oheim.
Cardinal Beaufort, Bischof von Winchester.
Richard Plantagenet, Herzog von York.
Edward, } seine Söhne.
Richard,
Herzog von Somerset,
Herzog von Suffolk,
Herzog von Buckingham, } Anhänger des Königs.
Lord Clifford,
Der junge Clifford,
Graf Salisbury, } Anhänger York's.
Graf Warwick,
Lord Scales, Befehlshaber des Tower.
Lord Say.
Sir Humfrid Stafford.
Dessen Bruder William.
Sir John Stanley.
Ein Schiffskapitän,
Der Schiffer, } Piraten.
Der Steuermann,
Seyfart Wittmer,
Zwei Edelleute, Begleiter Suffolk's.
Baux.
Hume und Southwell, zwei Pfaffen.
Bolingbroke, ein Beschwörer.
Ein Geist, den Bolingbroke beschwört.
Thomas Horner, ein Waffenschmied.
Peter, sein Lehrbursche.
Der Küster von Chatham.
Der Schulz von Sanct-Albans.
Simpcox, ein Betrüger.
Zwei Mörder.
Hans Cade.
Georg Bevis,
Johann Holland,
Märten der Metzger, } Cade's Anhänger.
Smith der Weber,
Michel,
Alexander Iden, ein kentischer Edelmann.

Margaretha, König Heinrich's Gemahlin.
Leonore, Herzogin von Gloster.
Grete Jordan, eine Hexe.
Die Frau des Simpcox.

Lords. Hofdamen und Gefolge. Ein Herold. Supplicanten. Stadtälteste. Ein Sheriff und seine Beamten. Bürger. Lehrburschen. Falkeniere. Wachen. Soldaten. Boten, u. s. w.

Die Scene ist abwechselnd in verschiedenen Gegenden Englands.

Erster Aufzug.

Erste Scene.

London. Ein Staatszimmer im Palast.

Trompetenfanfare; hierauf Hoboen. Von der einen Seite kommen **König Heinrich**, der **Herzog von Gloster, Salisbury, Warwick** und **Cardinal Beaufort**, von der andern **Königin Margaretha**, von **Suffolk** geführt; **York, Somerset, Buckingham** und andere folgen.

Suffolk.

Wie mir von Eurer höchsten Majestät
Der Auftrag ward bei meiner Fahrt nach Frankreich,
Als Stellvertreter Eurer Herrlichkeit
Prinzessin Margareth zu ehlichen,
So in der alten Reichsstadt Tours, im Beisein
Der Könige von Frankreich und Sicilien,
Der Herzög' Orleans, Alençon, Bretagne,
Zwölf Freiherrn, sieben Grafen, zwanzig Bischöfe,
Vollzog ich den Befehl und ward getraut;
Und unterthänig nun auf meinen Knien
Im Angesicht Englands und seiner Pairs
Leg' ich mein Anrecht an die Königin
In Eure gnäd'ge Hand, der Ihr das Wesen
Des großen Schattens seid, den ich gespielt;
Die reichste Gift, die je ein Markgraf gab,
Die schönste Braut, die je ein Fürst empfing.

König Heinrich.

Suffolk, steh auf! — Willkommen, Königin!
Ich weiß kein inn'ger Zeichen meiner Liebe
Als diesen inn'gen Kuß. — Herr, der mich schuf,
Schaff' mir ein Herz erfüllt von Dankbarkeit;
Denn du verliehst in diesem schönen Antlitz
Mir eine Welt irdischer Segnungen,
Wenn Liebeseintracht unsre Seelen eint.

Margaretha.

Erhabner König, gnädiger Gemahl!
Der innige Verkehr, den mein Gemüth
Bei Tag und Nacht, im Wachen und im Traum,
Im Hofkreis' und bei meinen Betkorallen
Mit meinem liebsten Herrn gepflogen hat,
Gibt Muth mir, meinen König zu begrüßen
Mit schlichtern Worten, wie mein Witz sie lehrt
Und überschwenglich Herzensglück sie eingibt.

König Heinrich.

Ihr Anblick riß mich hin, doch ihre Rede,
Anmuth'ge Wort' im Schmuck erhabner Weisheit,
Bringt vom Erstaunen mich zu Freudenthränen:
So ist die Fülle meiner Herzenslust. —
Lords, grüßt mit Einem frohen Ruf mein Lieb.

Alle.

Lang' lebe Margaretha, Englands Wonne!

(Trompetenstoß.)

Margaretha.

Wir danken euch.

Suffolk.

Mylord Protector, so es Euch beliebt,
Lest hier die Punkte des verglichnen Friedens,
Den unser Souverän und Karl von Frankreich
Auf achtzehn Monat' eingegangen sind.

Gloster (liest).

„Zum ersten, so ist es vereinbart zwischen dem französischen Könige Karl, und William de la Poole, Markgrafen von Suffolk, Botschafter König Heinrich's von England: Besagter Heinrich wird sich vermählen mit der Prinzeß Margaretha, Tochter Reignier's, Königs von Neapel, Sicilien und Jerusalem, und wird

Erster Aufzug. Erste Scene.

selbige als Königin von England krönen vor dem nächstfolgenden dreißigsten Mai. — Zum andern: Das Herzogthum Anjou und die Grafschaft Maine sollen geräumt und ausgeantwortet werden an den König ihren Vater . . ." (Er läßt das Blatt fallen.)

König Heinrich.

Was habt Ihr, Oheim?

Gloster.

Gnäd'ger Herr, verzeiht,
Ein plötzlich Uebelsein fällt mir aufs Herz
Und trübt mein Aug'; ich kann nicht weiter lesen.

König Heinrich.

Oheim von Winchester, lest Ihr denn weiter.

Cardinal.

„Zum andern, so ist zwischen ihnen ferner vereinbart: Die Herzogthümer Anjou und Maine sollen geräumt und überantwortet werden an den König ihren Vater. Auch soll sie auf des Königs von England eigene Kosten hinübergeschafft werden, ohne einige Mitgift."

König Heinrich.

Es sagt uns zu. — Lord Markgraf, beug das Knie:
Wir machen dich zum ersten Herzog Suffolk
Und gürten dir das Schwert um. — Vetter York,
Hiermit entheben wir Euch der Regentschaft
In Frankreich, bis die Frist von achtzehn Monden
Verstrichen ist. — Dank, Oheim Winchester,
York, Gloster, Buckingham und Somerset,
Salisbury und Warwick,
Wir danken euch für alle Freundlichkeit
Bei dem Empfange meiner Königin.
Kommt, machen wir uns auf und sorgen schleunig,
Daß ihre Krönung gleich vollzogen werde.

(Der König, die Königin und Suffolk ab.)

Gloster.

O, Englands wackre Pairs, des Staates Pfeiler,
Laßt Herzog Humfrid euch sein Leid auszuschütten,
Eu'r Leid, das allgemeine Leid des Landes!
Was? Gab mein Bruder Heinrich seine Jugend
Und Muth und Geld und Volk dem Krieg dahin?
Behalf er sich so oft in offnem Feld
In Winters Kält' und Sommers dürrer Glut,

Um Frankreich sich, sein Erbtheil, zu erobern?
Mühte mein Bruder Bedford seinen Witz,
Um Heinrich's Sieg durch Staatskunst zu behaupten?
Empfingt ihr selbst, Somerset, Buckingham,
York, Salisbury, der sieggekrönte Warwick,
In Normandie und Frankreich tiefe Narben?
Und hat mein Oheim Beaufort, hab' ich selbst
Mit dem gelehrten Rath des Königreichs
So lang' studirt, im Rathsgemach gesessen
Bei Tag und Nacht, erwägend hin und her,
Wie Frankreich sei in Furcht und Zucht zu halten?
Und wurde Seine Majestät als Kind
Trotz allen Feinden in Paris gekrönt?
Und solche Müh und solcher Ruhm soll sterben?
Soll Heinrich's Sieg, soll Bedford's Wachsamkeit,
All unser Rath und eure Fehden sterben?
O, Pairs von England, schmachvoll ist dies Bündniß,
Die Eh' verderblich; euren Ruhm vertilgt sie,
Löscht eure Namen aus den Chroniken
Und schabt die Schriftzüg' eurer Ehren aus,
Entweiht Trophäen des bezwungnen Frankreich,
Tilgt alles, als wär' alles nie gewesen!

Cardinal.

Neffe, was soll die ungestüme Rede,
Dies Peroriren mit so vielem Schwulst?
Frankreich ist unser, und wir halten's fest.

Gloster.

Festhalten, Oheim? Freilich, wenn wir können;
Doch jetzt ist das unmöglich. Suffolk hat,
Der neue Herzog, der den Bratspieß dreht,
Die Lehne Maine und Anjou weggeschenkt
Dem König Reignier, dessen breiter Titel
Sich nicht zu seinem magern Beutel reimt.

Salisbury.

Beim Tode dessen, der für alle starb,
Die Lande sind das Thor der Normandie! —
Doch warum weint Warwick, mein tapfrer Sohn?

Warwick.

Vor Gram, daß sie dahin sind ohne Rettung;
Wär' Hoffnung noch sie wiederzuerobern,

Erster Aufzug. Erste Scene.

Statt Thränen wollt' ich heißes Blut vergießen.
Anjou und Maine — ich selbst gewann die zwei,
Erkämpfte sie mit diesem meinem Arm;
Und Städte, die ich uns erwarb mit Wunden,
Gibt man zurück mit sanften Friedensworten?
Mort Dieu!

York.

Den Suffolk — rühr' ein Herzschlag diesen Herzog,
Den Ehrenschänder dieser Heldeninsel!
Frankreich hätt' eh' mein Herz ausreißen sollen,
Eh' ich zu diesem Bündniß mich bequemt.
Nie las ich, als daß Englands Könige
Viel Schäß' und Gold mit ihren Fraun erhielten:
Und König Heinrich gibt das seine weg
Für eine Braut, die keinen Vortheil bringt!

Gloster.

Ein schöner Spaß, und nie zuvor erhört,
Daß Suffolk einen vollen Funfzehnten
Für Kosten ihrer Ueberfahrt begehrt!
Sie mocht' in Frankreich bleiben und verhungern,
Bevor . . .

Cardinal.

Jetzt, Herzog Gloster, werdet Ihr zu bitzig.
Es war der Wille meines Herrn und Königs.

Gloster.

Mylord von Winchester, ich kenn' Euch wohl:
Nicht meine Reden sind's, was Euch mißfällt;
Nein, meine Gegenwart verdrießet Euch.
Groll muß heraus; hochmüthiger Prälat!
Ich seh' auf deiner Stirn die Wuth; verweil' ich,
So fangen wir das alte Raufen an.
Lebt wohl, Mylords, und wann ich nicht mehr bin,
So sagt, daß ich Frankreichs Verlust geweissagt.

(Ab.)

Cardinal.

Da geht der Herr Protector, hell in Wuth.
Es ist euch wohlbekannt, er ist mein Feind,
Ja mehr als dieses, euer aller Feind
Und, fürcht' ich, auch kein großer Freund des Königs.
Bedenkt, Mylords, er hat durch sein Geblüt
Zur Zeit das nächste Recht an Englands Krone;

Wenn Heinrich's Eh' ein Kaiserthum ihm brächte
Und alle reichen Königreich' im West,
Doch hätte Gloster Grund darob zu murren.
Lords, seht euch vor, daß nicht sein glattes Wort
Eu'r Herz bethört; seid weis' und auf der Hut!
Obschon ihn das gemeine Volk begünstigt
Und ihn den „guten Herzog Humfrid" nennt
Und in die Hände klatscht und laut ihm nachschreit:
„Jesus erhalt' Eu'r königliche Gnaden!"
Und: „Schirme Gott den guten Herzog Humfrid!"
Doch fürcht' ich, Lords, trotz all der Gleißnerei,
Er wird uns ein gefährlicher Protector.

Buckingham.

Wozu bedarf der König des Protectors,
Der doch das Alter hat, selbst zu regieren? —
Vetter von Somerset, eint Euch mit mir,
Und all zusammen, mit dem Herzog Suffolk:
Wir heben bald Herrn Humfrid aus dem Sattel!

Cardinal.

Dies wichtige Geschäft erlaubt kein Säumen,
Ich werde stracks zum Herzog Suffolk gehn.
(Ab.)

Somerset.

Vetter von Buckingham, so schmerzlich uns
Der Stolz und hohe Posten Humfrid's ist,
Bewachen wir gleichwohl den frechen Priester;
Sein Uebermuth ist unerträglicher
Als aller Prinzen sonst im ganzen Reich:
Wenn Gloster fällt, wird er Protector werden.

Buckingham.

Nein, Somerset, du wirst es oder ich,
Trotz Herzog Humfrid und dem Cardinal.
(Somerset und Buckingham ab.)

Salisbury.

Der Hochmuth ging voran, der Ehrgeiz folgt.
Indeß sich diese abmühn selbst zu steigen,
Geziemt es uns für England uns zu mühn.
Nie sah ich, daß nicht Humfrid Herzog Gloster
Sich wie ein echter Edelmann betrug;
Oft sah ich, daß der stolze Cardinal

Erster Aufzug. Erste Scene.

Mehr nach Soldatenart als wie ein Priester
So dreist und frech als wär' er aller Herr,
Banditenmäßig flucht' und sich benahm,
Nicht wie ein Herrscher über Land und Leute. —
Warwick, mein Sohn, du meines Alters Trost,
Dein Kriegsruhm, deine Schlichtheit, deine Wirthschaft
Gewann dir größte Gunst bei den Gemeinen,
Und mehr hat nur der gute Herzog Humfrid. —
Und deine Thaten, Bruder York, in Irland,
Wie du zu bürgerlicher Zucht sie brachtest,
Und deine jüngsten Züg' im Herzen Frankreichs,
Als du Regent für unsern König warst,
Erwarben dir die Lieb' und Furcht des Volks. —
Laßt uns zusammenstehn zum Wohl des Reichs,
Und zügeln und ersticken wir nach Kräften
Die Hoffart Suffolk's und des Cardinals
Und Buckingham's und Somerset's Gelüste,
Und Gloster's Thaten laßt uns unterstützen,
Solang' er für des Landes Vortheil wirkt.

Warwick.

Gott helfe Warwick, wie er England liebt
Und das gemeine Beste seines Volks!

York.

Das sagt auch York: er hat am meisten Ursach'.

Salisbury.

Dann rasch; solang' es Tag ist, muß man mähn!

Warwick.

Was sagt Ihr? Mähn? O Vater, Maine ist hin,
Das Maine, das ich mit blut'gem Mähn erwarb
Und bis zum letzten Hauch vertheidigt hätte!
Ihr sprecht von Mähen, Vater; ich von Maine,
Das Frankreich zu entreißen ich mich sehne.

(Salisbury und Warwick ab.)

York.

Anjou und Maine sind geräumt an Frankreich,
Paris verloren, und die Normandie,
Seit die verspielt sind, hängt an einem Haar;
Suffolk schloß die Artikel ab, die Pairs
Genehmigten, und Heinrich zahlte gern

Zwei Herzogthümer für ein Herzogskind.
Kann ich sie tadeln? Ihnen ist es nichts:
Das Deine geben sie hinweg, nicht Ihres.
Piraten können leicht wohlfeil verschleudern
Und Freund' erkaufen, und an Dirnen schenken,
In Saus und Braus, wie Lords, bis alles weg ist;
Indeß der arme Eigner all der Güter
Darüber weint und bang die Hände ringt,
Kopfschüttelt und von ferne steht und zittert
Und, während fortgeschleppt wird und vertheilt,
Darbt und sein Eigen nicht berühren darf.
So sitzt nun York, knirscht, beißt sich in die Zunge,
Indeß sein eignes Land verschachert wird.
Mich dünkt, die Reiche England, Frankreich, Irland
Sind ganz dasselbe für mein Fleisch und Blut,
Was der verhängnißvolle Brand Althäa's
Für jenes Prinzen Herz von Calydon.
Anjou und Maine an Frankreich ausgeliefert!
Ein Schlag für mich; denn Hoffnung hatt' ich ja
Auf Frankreich wie auf Englands fruchtbarn Boden.
Einst kommt ein Tag, wo York das Seine heischt,
Und darum nehm' ich die Partei der Nevils
Und thue freundlich mit dem stolzen Gloster,
Und wann die Zeit kommt, forder' ich die Krone:
Sie ist das güldne Ziel, darauf ich halte.
Kein Lancaster soll mir mein Recht entziehn
Und in der kindischen Faust das Scepter führen
Und schmücken mit dem Diadem ein Haupt,
Deß Pfaffenlaunen nicht zur Krone passen.
Drum, York, sei still, bis deine Stunde schlägt;
Wachsam und wach sei du, wann andre schlafen,
Und späh' nach den Geheimnissen des Staats,
Bis Heinrich, ganz berauscht in Liebesfreuden,
Mit Englands theu'r erkaufter Königin
Und Humfrid mit den Pairs in Zank geräth:
Dann heb' ich die milchweiße Rose hoch,
Daß sie mit süßem Duft die Luft erfüllt;
Dann führ' ich im Panier das Wappen York's,
Zu ringen mit dem Hause Lancaster;
Dann zwing' ich dir die Krone ab, Pedant,
Der in den Staub geschleift dies schöne Land!

(Ab.)

Zweite Scene.

Ebendaselbst. Ein Zimmer im Hause des Herzogs von Gloster.

Gloster und die Herzogin treten auf.

Herzogin.

Was beugt dich so, wie überreifes Korn
Den Kopf senkt unter Ceres' reicher Last?
Was kraust die Stirn des großen Herzogs Humfrid,
Als groll' er den Gesichtern aller Welt?
Weswegen starrt dein Blick zum dumpfen Boden,
Als säh' er etwas, was ihn finster macht?
Was siehst du? König Heinrich's Diadem,
Mit allen irdischen Ehren eingefaßt?
Wenn das, so starr' es an, kriech' auf dem Antlitz,
Bis deine Stirn davon umzirkelt ist!
Streck' deine Hand aus, greif das hehre Gold!
Ist sie zu kurz? Ich mach' sie lang mit meiner;
Und wann wir zwei vereint es aufgeholt,
Dann heben wir vereint das Haupt zum Himmel
Und senken nie die Augen mehr so tief,
Daß sie nur einen Blick dem Boden gönnen!

Gloster.

O Lenchen, liebes Lenchen, liebst du mich,
So treib hinweg den Wurm ehrsücht'ger Wünsche!
Und der Gedank' in mir, der meinem König,
Dem tugendhaften Heinrich, Böses wünscht,
Er sei mein letzter Hauch in dieser Welt!
Mein schwerer Traum von heute Nacht verstimmt mich.

Herzogin.

Was träumte mein Gemahl? Sag' an; ich lohn' es
Mit süßem Vortrag meines Morgentraums.

Gloster.

Mir war's, als wär' mein Amtschmuck, dieser Stab,
Entzweigebrochen; ich vergaß von wem,
Doch, wie ich denke, war's der Cardinal!
Und auf die Stücke wurden aufgesteckt
Die Köpfe Edmund's, Herzogs Somerset,

Und William de la Poole's, Herzogs von Suffolk.
Das war mein Traum. Gott weiß, was er bedeutet.

Herzogin.

Ei, dies ist weiter nichts als ein Beweis,
Daß wer ein Stecklein bricht in Gloster's Hain,
Den Kopf verlieren soll für seine Frechheit.
Nun höre mich, mein Humfrid, liebster Herzog!
Mir war's, ich säß' auf einem stolzen Sitz
Im Dome zu Westminster, auf dem Stuhl,
Wo man die Könige krönt und Königinnen;
Frau Margareth und Heinrich vor mir knieten
Und setzten auf mein Haupt das Diadem.

Gloster.

Lenore, nein, dann muß ich tüchtig schelten,
Hochmüth'ge Frau, bösartige Lenore!
Was? Bist du nicht die zweite Frau im Reich
Und des Protectors Weib, geliebt von ihm?
Hast du nicht weltliches Vergnügen reichlich,
Weit übers Ziel und Umfang deiner Wünsche?
Und mußt doch brüten über Hochverrath,
Um deinen Mann zu stürzen und dich selbst
Vom Haupt der Ehre bis zum Fuß der Schmach?
Hinweg von mir, und laß mich nichts mehr hören!

Herzogin.

Was, was, Mylord, so zornig auf Lenoren,
Blos weil sie ihren Traum erzählt? In Zukunft
Behalt' ich meine Träume hübsch für mich,
Um Schelten zu entgehn.

Gloster.

Nun, sei nicht bös'; ich bin schon wieder gut.

(Ein Bote tritt auf.)

Bote.

Mylord Protector, Seine Hoheit wünscht,
Ihr möchtet mit ihm nach Sanct-Albans reiten
Zur Reiherbeize mit den Majestäten.

Gloster.

Schon gut. — Komm, Lenchen, willst du mit uns reiten?

Herzogin.

Ja, lieber Herzog. Geh, ich komme nach.
(Gloster und der Bote ab.)
Nachkommen, ja; vorangehn kann ich nicht,
Solang' mein Mann so klein und niedrig denkt.
Wär' ich ein Mann, ein Prinz und nächster Erbe,
Fortstieß' ich diese läst'gen Stehimwege
Und bahnt' auf ihren Rumpfen mir den Weg;
Und auch als Weib, ich werde meine Rolle
Im Schaugepräng Fortunens rüstig spielen. —
Wo seid Ihr denn, Sir John? Nicht bange, Freund:
Wir sind allein, kein Mensch als du und ich.
(Hume kommt hervor.)

Hume.

Jesus beschütze Eure Majestät!

Herzogin.

Was sagst du? Majestät? Ich bin nur Gnaden.

Hume.

Allein durch Gottes Gnad und Beirath Hume's
Soll Euer Gnaden Titel bald sich mehren.

Herzogin.

Was bringst du, Mann? Besprachst du schon die Sache
Mit Grete Jordan, der verschlagnen Hexe,
Und Roger Bolingbroke, dem Teufelsbanner?
Sind sie bereit mir ihren Dienst zu weihn?

Hume.

Sie haben zugesagt, Euch einen Geist
Heraufzuholen aus der Nacht da unten,
Der Antwort geben soll auf alle Fragen,
So Euer Gnaden vorzulegen wünscht.

Herzogin.

Genug; ich will auf Fragen mich bedenken.
Sobald wir von Sanct-Albans heimgekehrt,
Soll alles dies ins Werk gerichtet werden.
Da, Hume, nimm dies hier; thu dir gütlich, Mann,
Mit deinen Helfern bei dem großen Werk.
(Ab.)

Hume.

Mir gütlich thun mit ihrer Gnaden Gold?

Ei ja, ich will's. Was aber nun, John Hume?
Verschließ den Mund und sprich kein Wort als — Mum;
Die Sache heischt verschwiegne Heimlichkeit.
Frau Leonore gibt mir Gold dafür,
Daß ich die Hexe zu ihr bringen soll;
Gold kommt nie unrecht, wär' sie auch ein Teufel.
Indeß ich hab' auch Gold aus andern Minen,
Ganz unter uns, vom reichen Cardinal,
Vom großen, neugebacknen Herzog Suffolk;
Doch find' ich's so: denn, gradheraus, die beiden,
Die Frau Lenorens stolze Grillen kennen,
Erkauften mich, um sie zu untergraben
Und ihr den Geisterspuk ins Hirn zu summen.
Es heißt, ein schlauer Schelm braucht keinen Mäkler;
Doch bin ich Suffolk's und des Priesters Mäkler.
Hume, wenn du dich nicht vorsiehst, fehlt nicht viel,
Daß du die zwei ein paar Erzschelme nenntest!
So steht's, und also, fürcht' ich, wird wol schließlich
Hume's Schelmerei der Sturz der Herzogin
Und ihre Schuld der Schiffbruch Humfrid's sein.
Gleichviel: ich sacke Gold von allen ein.
(Ab.)

Dritte Scene.

Ein Zimmer im Palast.

Peter und andere kommen mit Bittschriften.

Erster Supplicant.

Meisters, steht hier dicht heran; der Herr Protector werden hier gleich vorbeikommen, und dann können wir unsere Gesuche schwarz auf weiß abgeben.

Zweiter Supplicant.

Unser Herr Gott nehm' ihn in seine Protection; denn er ist 'n guter Mann. Der Herr Christus segne ihn!
(Suffolk und Königin Margaretha kommen.)

Erster Supplicant.

Ich glaube, das ist er, und die Königin bei ihm. Ich will der erste sein, ja.

Erster Aufzug. Dritte Scene.

Zweiter Supplicant.

Bleib hier, Narr; das ist ja nicht der Herr Protector, das ist ja der Herzog von Suffolk.

Suffolk.

He, Bursche, willst etwas von mir?

Erster Supplicant.

Ach, verzeiht, gnäd'ger Herr; ich hielt Euch für den gnäd'gen Herrn Protector.

Königin (die Aufschrift des Gesuchs lesend).

„An Mylord Protector." — Sind eure Gesuche an Seine Gnaden gerichtet? Laßt mich sie sehn. — Was betrifft deins?

Erster Supplicant.

Meins, mit Euer Gnaden Erlaubniß, ist gegen John Goodman, des Herrn Cardinals seinen Diener, daß er mir mein Haus und Land und Frau und alles vorenthält.

Suffolk.

Deine Frau auch? das ist freilich ein bischen arg. — Was hast du? Was seh' ich: „Wider den Herzog von Suffolk, wegen Einhegung der melforder Gemeindeweide." — Was heißt das, Herr Schurke?

Zweiter Supplicant.

Ach, gnäd'ger Herr, ich bin blos ein armer Supplicant für unsere ganze Stadt.

Peter (seine Supplik überreichend).

Gegen meinen Meister Thomas Horner, weil er gesagt hat, der Herzog von York wäre der rechte Erbe zur Krone.

Königin.

Was sagst du? Hat der Herzog von York gesagt, daß er der rechte Erbe zur Krone sei?

Peter.

Daß mein Meister das wäre? Bewahre! nein, mein Meister sagte, daß er das wäre, und der König wäre ein Usurpator.

Suffolk.

Wer ist da? (Diener treten ein.) — Nehmt den Burschen mit, und laßt seinen Meister gleich durch einen Gerichtsboten holen. — Wir wollen mehr von deiner Sache vor dem König hören.

(Peter und Diener ab.)

Königin.

Was euch betrifft, die ihr Protection
Unter den Flügeln des Protectors sucht,
Fangt eu'r Gesuch von vorn an; fleht zu ihm.
(Sie zerreißt die Bittschriften.)
Fort, ihr Halunken! — Suffolk, fort mit ihnen!
Die Supplicanten.

Kommt, laßt uns weggehn.
(Supplicanten ab.)
Königin.

Mylord von Suffolk, sagt, ist das die Art,
Ist das die Sitte so an Englands Hofe?
Ist dies das Regiment Britanniens,
Und dies die Macht der Herrscher Albions?
Was, bleibt denn König Heinrich ewig Mündel
Unter des mürrischen Protectors Zucht?
Bin ich von Rang und Titel Königin,
Und doch die Unterthanin eines Herzogs?
Ich sag' dir, Poole, als du im alten Tours
Zu Ehren meiner Lieb' im Kampfspiel rittst
Und stahlst die Herzen unsern Damen weg,
Da dacht' ich, König Heinrich gleiche dir
An Muth, an feiner Sitt' und edlem Wuchs;
Doch nur auf Heiligkeit steht ganz sein Sinn:
Am Rosenkranz Ave-Marias zählen,
Apostel und Propheten seine Ritter
Und seine Waffen fromme.Bibelsprüche,
Die Bücherei sein Rennplatz, seine Liebschaft
Erzbilder heiliger Canonisirter.
Ich wollte, daß das Cardinalsconclave
Zum Papst ihn wählt' und holt' ihn ab nach Rom
Und setzte die Tiara ihm aufs Haupt:
Das wär' ein passend Amt für diesen Heil'gen.

Suffolk.

Hoheit, Geduld; wie ich die Ursach' war,
Daß Ihr nach England kamt, so will ich auch
In England Euch ein voll Genügen schaffen.

Königin.

Nebst dem Protector haben wir noch Beaufort
Den herrischen Pfaffen, Somerset, Buckingham,

Den murrenden York; der letzte dieser Männer
Vermag in England mehr als der Monarch.

Suffolk.

Und der von ihnen, der am meisten gilt,
Vermag nicht mehr in England als die Nevils;
Warwick und Salisbury sind mehr als Pairs.

Königin.

All diese Lords sind mir nicht halb so widrig
Wie jene stolze Dame, Gloster's Weib.
Sie fegt am Hof herum mit Fraungefolge,
Als wär' sie Kaiserin statt Humfrid's Weib.
Die Fremden glauben, sie sei Königin;
Sie trägt am Leib die Einkünft' eines Herzogs
Und höhnt in ihrem Herzen unsre Armuth.
Soll ich nicht meine Rach' an ihr erleben?
Hochmüthiges, niedriggebornes Nickel!
Sie prahlte jüngst im Kreise ihrer Schranzen,
Der Schlepp' an ihrem schlechtsten Rocke sei
Mehr werth als meines Vaters Land, eh' Suffolk
Zwei Herzogthümer gab für seine Tochter.

Suffolk.

Hoheit, ich selber leimt' ihr eine Ruthe
Und setzt' ihr einen Chor Lockvögel aus,
Daß sie sich setzen wird dem Lied zu horchen
Und nimmer fliegen soll Euch zum Verdruß.
Drum laßt sie, gnäd'ge Frau, und hört auf mich,
Ich bin so dreist Euch hierin Rath zu geben:
So wenig uns der Cardinal behagt,
Wir müssen doch ihm beistehn und den Lords,
Bis wir den Herzog Humfrid untergraben.
Und Herzog York, nun, diese neue Klage
Wird ihm vermuthlich wenig Nutzen bringen.
So reuten wir sie nacheinander aus,
Und Ihr ergreift dann das beglückte Steuer.

(König Heinrich mit York und Somerset im Gespräch, der Herzog und die Herzogin von Gloster, Cardinal Beaufort, Buckingham, Salisbury und Warwick treten auf.)

König Heinrich.

Mich kümmert's wenig, wer es wird, Mylord:
Ob Somerset, ob York, das gilt mir gleich.

York.

Wenn York sich schlecht benommen hat in Frankreich,
So werd' ihm die Regentschaft jetzt versagt.

Somerset.

Wenn Somerset der Stell' unwürdig ist,
So werde York Regent, ich mach' ihm Platz.

Warwick.

Ob Euer Gnaden würdig ist, ob nicht,
Erörtert das nicht: York ist würdiger.

Cardinal.

Ehrgeiz'ger Graf, laß deine Obern reden!

Warwick.

Der Cardinal ist nicht im Feld mein Obrer.

Buckingham.

Sie alle hier sind deine Obern, Warwick.

Warwick.

Warwick wird einst vielleicht ihr Oberster.

Salisbury.

Still, Sohn! — Und gib uns Gründe, Buckingham,
Weshalb hier Somerset voranstehn sollte.

Königin.

Nun wahrlich, weil der König es so will.

Gloster.

Der König, gnäd'ge Frau, ist alt genug
Um selbst zu richten. Dies sind nicht Fraungeschäfte.

Königin.

Und ist er alt genug, was braucht Eu'r Gnaden
Protector Seiner Majestät zu sein?

Gloster.

Ich bin des Reichs Protector, gnäd'ge Frau,
Und leg' mein Amt, wann er's gebietet, nieder.

Suffolk.

Dann thu' es jetzt und laß von deinem Hochmuth.

Seitdem du König bist — denn König bist du —
Erleidet das Gemeinwohl täglich Schiffbruch;
Der Dauphin triumphirt jenseit der See,
Und alle Pairs und Lords des Reiches sind
Wie Sklaven deines Regiments gewesen.

Cardinal.

Du schraubtest die Gemeinen; und die Beutel
Des Clerus hast du leer und leicht gepreßt.

Somerset.

Dein üppig Bau'n und deiner Frauen Staat
Hat große Haufen aus dem Schatz gekostet.

Buckingham.

Die Grausamkeit, mit der du Missethäter
Gerichtet hast, ging über das Gesetz
Und gibt dich selber dem Gesetze preis.

Königin.

Dein Aemterhandel, dein Verkauf von Städten,
Wenn er so kundig wie verdächtig wär',
So sprängst du bald wol ohne Kopf herum.
(Gloster entfernt sich plötzlich. Die Königin läßt ihren Fächer fallen.)
Hebt mir den Fächer auf! Ei, Schätzchen, könnt Ihr nicht?
(Sie gibt der Herzogin eine Ohrfeige.)
Verzeihung, meine Gnädige; wart Ihr's?

Herzogin.

War ich es? Ja, ich war's, hochmüthige Französin!
Wenn meine Nägel an Euer Lärvchen könnten,
Ich schrieb' Euch meine zehn Gebote drauf.

König Heinrich.

Still, liebste Muhme; es geschah nicht gern.

Herzogin.

Nicht gern? Thu bald ein Einsehn, guter König;
Sie wird dich närr'n und tänzeln wie ein Kind.
Wenngleich der Hauptherr hier nicht Hosen trägt,
Doch soll sie Gloster's Frau nicht straflos schlagen!
(Ab.)

Buckingham.

Lord Cardinal, ich will Lenoren nach

Und mich nach Humfrid umschaun, was er macht.
Sie ist gekitzelt jetzt und wird von selbst,
Auch ohne Sporn, ins Unheil galopiren.
(Ab.)

Gloster (kommt zurück).

Jetzt, meine Lords, nachdem ich meine Galle
Durch einen Gang ums Viereck abgekühlt,
Komm' ich um Staatsgeschäfte zu besprechen.
Was eure hämisch falschen Vorwürf' anlangt,
Beweist sie, und mich treffe das Gesetz;
Gott aber sei so meiner Seele gnädig,
Wie ich in Treuen Land und König liebe!
Jedoch zur Sache, die jetzt vor uns liegt.
Ich sage, gnäd'ger Herr, daß York am besten
Sich eignet Eu'r Regent zu sein in Frankreich.

Suffolk.

Eh wir die Wahl vornehmen, gönnet mir,
Daß ich mit nicht geringen Gründen zeige,
Wie York am schlechtsten sich von allen eignet.

York.

Ich weiß, warum ich schlecht mich eigne, Suffolk:
Erst, weil ich deinem Stolz nicht schmeicheln kann;
Dann, wenn das Amt mir übertragen wird,
So wird Lord Somerset mich sitzen lassen
Ohn' Abschluß, ohne Geld und Ausrüstung,
Bis Frankreich in des Dauphins Hände fällt.
Letzthin ließ er mich tanzen, bis Paris
Belagert war, verhungert und verloren.

Warwick.

Ich kann's bezeugen; einen schnödern Streich
Hat kein Verräther je verübt im Lande.

Suffolk.

Schweig, wilder Warwick!

Warwik.

Du Bild des Stolzes, warum sollt' ich schweigen?
(Suffolk's Diener führen Horner und Peter vor.)

Suffolk.

Weil hier ein Mann ist, Hochveraths beschuldigt;
Gott gebe, daß sich Herzog York entschuld'ge.

York.

Beschuldigt irgendwer York als Verräther?

König Heinrich.

Was meinst du, Suffolk? Sprich, wer sind die Leute?

Suffolk.

Mit Euer Hoheit Gunst, dies ist der Mann,
Der seinen Meister Hochverraths beschuldigt.
Er hat gesagt, daß Richard Herzog York
Der englischen Krone rechter Erbe sei,
Und Eure Majestät ein Usurpator.

König Heinrich.

Das waren deine Worte, Mann?

Horner.

Mit Euer Majestät Verlaub, ich habe so was nie gesagt und nie gedacht. Gott ist mein Zeuge, der Bube klagt mich fälschlich an.

Peter (die Finger emporhaltend).

Bei diesen zehn Knochen, meine hohen Herren, er hat's mir gesagt, in der Dachstube, eines Abends als wir Mylord von York seine Rüstung abputzten.

York.

Gemeiner Mistknecht, schlechter Tagelöhner,
Dein Kopf soll für die Frevelworte zahlen! —
Ich bitt' Eu'r königliche Majestät,
Bestraft ihn nach der Strenge des Gesetzes.

Horner.

Ach, Mylord, hängt mich, wenn ich die Worte je gesprochen habe. Mein Ankläger ist mein Lehrbursch; und da ich ihn neulich für sein Vergehen züchtigte, gelobte er auf seinen Knien, er wollt' es mir schon eintränken: dafür hab' ich gute Zeugen. Darum bitt' ich Euer Majestät, verwerft nicht einen ehrlichen Mann auf die Anklage eines Bösewichts.

König Heinrich.

Oheim, was sagen wir hierzu nach Rechten?

Gloster.

Dies Urtheil, Herr, wofern ich richten darf:
Laßt Somerset Regent in Frankreich sein,
Weil wider York Argwohn hieraus entsteht;

Und diesen Leuten setzet einen Tag
Zum Einzelkampf auf angemessnem Platze,
Denn er hat Zeugen für des Burschen Bosheit.
Dies ist das Recht und Herzog Humfrid's Spruch.

Somerset.

Ich dank' ergebenst Eurer Majestät.

Horner.

Und ich bin gern bereit zum Einzelkampf.

Peter.

Ach, gnäd'ger Herr, ich kann nicht fechten; um Gottes willen, habt Erbarmen mit mir! Die Bosheit der Menschen ist mächtig wider mich. O Herr, sei mir gnädig! Ich bin nicht im Stande, einen einzigen Streich zu thun. Ach du mein lieber Gott!

Gloster.

Nichts, Bursch: du mußt dich schlagen, oder baumeln.

König Heinrich.

Fort, schafft sie ins Gefängniß; und der Tag
Des Kampfes sei der letzte nächsten Monats. —
Komm, Somerset, wir wollen dich entlassen.

(Alle ab.)

Vierte Scene.

Ebendaselbst. Garten des Herzogs von Gloster.

Grete Jordan, Hume, Southwell und Bolingbroke treten auf.

Hume.

Kommt, Leute; ich sag' euch, die Herzogin erwartet, daß ihr euer Versprechen ausführt.

Bolingbroke.

Ja, Herr, wir sind drauf gerüstet. Will Ihre Gnaden unsere Beschwörungen ansehen und hören?

Hume.

Freilich, was sonst? Seid wegen ihres Muthes ohne Sorgen.

Erster Aufzug. Vierte Scene.

Bolingbroke.

Ich habe sagen hören, daß sie eine Frau von unüberwindlichem Geiste sein soll. Aber es wird dienlich sein, Herr Hume, daß Ihr oben bei ihr seid, derweil wir hier unten hantiren. Darum geht in Gottes Namen hinauf und laßt uns allein.
(Hume ab.)

Mutter Jordan, streckt Euch nieder und kriecht an der Erde. — John Southwell, Ihr lest. — So, jetzt ans Werk!
(Die Herzogin erscheint auf dem Balkon.)

Herzogin.

Brav, Freunde! Seid alle willkommen. Ans Werk, je eher, je besser.

Bolingbroke.

Geduld nur! Zaubrer kennen ihre Zeit.
Die Nacht, die schwarze Nacht, die stille Nacht,
Die Zeit der Nacht, wo Trojas Brand begann,
Wo Eulen schrein und Kettenhunde winseln,
Wo Geister umgehn, Todt' ihr Grab aufsprengen,
Das ist die rechte Zeit für unser Werk.
Sitzt, gnädige Frau, und bangt nicht; wen wir rufen,
Den machen wir in heil'gem Kreise fest.
(Hier verrichten sie die gehörigen Ceremonien und machen den Kreis. Bolingbroke oder Southwell liest „Conjuro te, etc." Es donnert und blitzt entsetzlich. Dann steigt der Geist empor.)

Geist.

Adsum.

Grete Jordan.

Asmath!
Beim ew'gen Gott, vor dessen Macht und Namen
Du zitterst, gib Bescheid auf meine Fragen;
Denn eh' du redest, sollst du nicht von hinnen.

Geist.

Frag was du willst. — Hätt' ich nur erst gesprochen!

Bolingbroke (die Fragen ablesend).

Zuerst vom Könige. Was wird aus ihm?

Geist.

Der Herzog lebt, so Heinrich einst entsetzt,
Doch überlebt und dann gewaltsam stirbt.
(Sowie der Geist spricht, schreibt Southwell die Antwort auf.)

Bolingbroke.
Welch ein Geschick erwartet Herzog Suffolk?
Geist.
Er wird durch Seefahrt enden und verderben.
Bolingbroke.
Was wird dem Herzog Somerset begegnen?
Geist.
Er meide Burgen;
Sichrer ist er auf den sand'gen Ebnen
Als wo Burgen stehn gethürmt. —
Jetzt mach' ein Ende; mehr ertrag' ich kaum.
Bolingbroke.
So steig hinab in Nacht und Feuerpfuhl:
Fort, arger Geist!

(Donner und Blitz. Der Geist verschwindet.)
(York und Buckingham treten eilig mit Wache auf.)

York.
Legt Hand auf die Verräther und den Plunder. —
Frau Vettel, diesmal hat man dich ertappt!
Was, gnäd'ge Frau, Ihr hier? Der König und der Staat
Sind Euch für dies Stück Arbeit hoch verpflichtet;
Der Herr Protector wird Euch sicherlich
Für diese wackeren Verdienste lohnen.
Herzogin.
Nicht halb so schlimm wie deins um Englands König,
Schmähsücht'ger Lord, der ohne Ursach' droht!
Buckingham.
Ohn' Ursach', gnäd'ge Frau? Wie nennt Ihr dies?

(Er zeigt ihr die Papiere.)

Hinweg mit ihnen! Sperrt sie sicher ein
Und trennt sie. — Gnäd'ge Frau, Ihr geht mit uns! —
Stafford, nimm du sie mit.

(Die Herzogin oben ab.)

Jetzt soll all euer Krimskrams hier ans Licht.

(Southwell, Bolingbroke und die andern werden abgeführt.)

York.
Lord Buckingham, Ihr habt sie gut belauert.
Ein saubrer Plan, sehr gut, darauf zu bau'n!

Nun, bitte, laßt des Teufels Handschrift sehn.
Was gibt es hier? (Liest.)
„Der Herzog lebt, so Heinrich einst entsetzt;
Doch überlebt und dann gewaltsam stirbt."
Ja, das ist richtig,
Aio te, Aeacida, Romanos vincere posse.
Gut, weiter:
„Sag', welch Geschick erwartet Herzog Suffolk?" —
„Durch Seefahrt wird er enden und verderben." —
„Was wird dem Herzog Somerset begegnen?" —
„Er meide Burgen;
Sichrer ist er in den sand'gen Ebnen
Als wo Burgen stehn gethürmt."
Ei, ei, Mylords!
Diese Orakel werden schwer erlangt
Und schwer erklärt.
Der König brach schon nach Sanct=Albans auf,
Mit ihm der Gatte dieser holden Dame;
Dahin, so schnell ein Pferd läuft, geht die Botschaft:
Ein traurig Frühstück für den Herrn Protector!

Buckingham.

Laßt mich den Boten sein, Mylord von York;
Ich hoffe reichen Botenlohn von ihm.

York.

Ganz wie Ihr wollt, Mylord. — He! niemand da?
(Ein Diener kommt.)
Lade die Lords von Salisbury und Warwick,
Auf morgen Nacht mit mir zu speisen. Fort!
(Alle ab.)

Zweiter Aufzug.

Erste Scene.
Sanct=Albans.

König Heinrich, die Königin, Gloster, der Cardinal und Suffolk treten auf mit Falkenieren, welche halloen.

Königin.
Nein wirklich, Lords, solch eine Reiherjagd
Hab' ich seit sieben Jahren nicht gesehn;
Und doch war starker Wind, und zehn zu eins,
Der alte Hans würd' aus der Fährte fliegen.

König Heinrich (zu Gloster).
Wie aber Euer Falk aufstieß, Mylord,
Und wie er stieg, hoch über allen andern!
Wie wirkt doch Gott in aller Creatur!
Ja, Mensch und Vogel liebt es hoch zu steigen.

Suffolk.
Kein Wunder, mit Erlaubniß Eurer Hoheit,
Daß des Protectors Falken trefflich fliegen:
Sie wissen, daß ihr Herr gern oben ist
Und über Falkenflug noch hochhinaus denkt.

Gloster.
Mylord, es ist ein niedrer, feiger Geist,
Der sich nicht höher schwingt als Vögel fliegen.

Cardinal.
Ich dacht' es: höher als die Wolken strebt er.

Gloster.
Gewiß, Herr Cardinal. Wie, wär's nicht schön,
Wenn Ihr bis in den Himmel fliegen könntet?

Zweiter Aufzug. Erste Scene.

König Heinrich.
Das Schatzhaus ewiger Glückseligkeit!

Cardinal.
Dein Himmel ist auf Erden; Aug' und Sinn
Jagt einer Krone nach: die ist dein Schatz,
Gefährlicher Protector, arger Pair,
Der Land und König gleißnerisch betrügt!

Gloster.
Wie, Cardinal,
Ist deine Priesterschaft tolldreist geworden?
Tantaene animis caelestibus irae?
Ein Pfaff so wild? Ei, Ohm, verbergt den Groll.
Bei solcher Frömmigkeit bringt Ihr es fertig?

Suffolk.
Kein Groll, Herr; nicht mehr Groll, als wohl sich ziemt
Für solchen guten Streit und schlechten Pair.

Gloster.
Wie wer, Mylord?

Suffolk.
Ei, wie Ihr, Mylord,
Mit Eurer herrischen Herrlichkeit Verlaub.

Gloster.
Nun, Suffolk, deine Frechheit kennt ganz England.

Königin.
Und deine Ehrsucht, Gloster.

König Heinrich.
Liebes Weib,
Sei still und reize nicht die wilden Pairs;
Denn selig sind die Friedenstiftenden.

Cardinal.
Sprecht mich denn selig, weil ich den Protector
Mit meinem Schwert zum Frieden bringen will.

Gloster (bei Seite zum Cardinal).
Traun, frommer Ohm, ich wollt', es käm' dazu!

Cardinal (bei Seite zu Gloster).
Topp, wenn du's wagst!

####### Gloster (bei Seite).

Führ' keine meuterische Rott' ins Feld;
Vertritt in eigener Person dein Schmähn.

####### Cardinal (bei Seite).

Ja, wo du dich nicht zeigst; sonst, wenn du's wagst,
Heut Abend hinterm Wald, der Platz gen Osten —

####### König Heinrich.

Was denn, ihr Herren?

####### Cardinal (laut).

Glaubt mir, Vetter Gloster,
Der Diener that zu schnell den Vogel weg;
Wild gab's genug. — (Bei Seite.) Bringt Eu'r zweihändig Schwert.

####### Gloster.

Wahr, Oheim.

####### Cardinal (bei Seite).

Ihr wißt ja? hinterm Wald, der Platz im Osten?

####### Gloster (bei Seite).

Cardinal, ich treff' Euch.

####### König Heinrich.

Ei, was habt Ihr, Oheim Gloster?

####### Gloster.

Wir sprechen von der Jagd; sonst nichts, mein Fürst.
(Bei Seite.) Bei Gottes Mutter, Pfaff, wenn ich dir nicht
Die Platte schere, gilt mein Fechten nichts!

####### Cardinal (bei Seite).

Medice te ipsum —
Schirmherr des Reichs, gebt Acht, schirmt Euch nur selbst!

####### König Heinrich.

Der Wind wird heftig; ihr, Mylords, desgleichen.
Wie diese Art Musik mein Herz verdrießt!
Wenn solche Saiten aneinander schwirren,
Wie wäre da auf Harmonie zu hoffen!
Laßt mich den Streit vergleichen, liebe Lords.

(Es kommt ein Mann gelaufen, welcher ruft: „Ein Wunder!")

####### Gloster.

Was heißt der Lärm?
Gesell, was für ein Wunder rufst du aus?

Zweiter Aufzug. Erste Scene.

Der Mann.
Ein Wunder! Ein Wunder!

Suffolk.
Komm her zum König und erzähl' dein Wunder.

Der Mann.
Denkt nur, ein blinder Mann ist sehend worden
In dieser Stund' an Sanct=Alban's Altar!
Ein Mann, der nie, sein Leben lang, gesehn hat!

König Heinrich.
Nun denn, gelobt sei Gott, der gläub'gen Seelen
Im Dunkel Licht, und Trost im Elend gibt!
(Der Schulz und die Aeltesten von Sanct=Albans kommen mit Musik; Simpcox wird auf einem Stuhl getragen; seine Frau und ein Volkshaufe folgen nach.)

Cardinal.
Da kommt die Bürgerschaft in Procession,
Den Blinden Eurer Hoheit vorzustellen.

König Heinrich.
Groß ist sein Heil in diesem Erdenthal,
Wenngleich das Sehen seine Sünden mehrt.

Gloster.
Zurück da, Freunde; bringt ihn vor den König;
Seine Hoheit will geruhn mit ihm zu sprechen.

König Heinrich.
Komm, guter Mann, erzähl' uns hier den Hergang,
Damit wir Gott für dich verherrlichen.
Wie, warst du lange blind und bist geheilt?

Simpcox.
Von Mutterleib an blind, mit Euer Gnaden Erlaubniß.

Frau.
Ja, wahrhaftig, das war er.

Suffolk.
Wer ist dies Weib?

Frau.
Seine Frau, mit Euer Hochedeln Erlaubniß.

Gloster.
Wenn du seine Mutter wärst, könntest du es besser bezeugen.
König Heinrich.
Wo bist du her?
Simpcox.
Aus Berwick, Herr, mit Euer Gnaden Gunst.
König Heinrich.
Gott hat dir große Güt' erzeigt, du Armer;
Laß Tag und Nacht hinfort geheiligt sein,
Und stets bedenke, was der Herr gethan!
Königin.
Sag' mir, mein Freund, kamst du durch Zufall her,
Oder aus Andacht zu dem Heiligthum?
Simpcox.
Weiß Gott, aus purer Andacht. Hundertmal
Und öfter rief der liebe Sanct-Albanus
Im Schlafe mich: „Komm, Simpcox, komm und opfre
Wo mein Altar ist, und ich helfe dir."
Frau.
Ja, das ist wahr, und manches liebe mal
Hab' ich die Stimme selbst so rufen hören.
Cardinal.
Was, bist du lahm?
Simpcox.
So helf' mir Gott im Himmel!
Suffolk.
Wie ging das zu?
Simpcox.
Ein Fall von einem Baum.
Frau.
Ein Pflaumbaum, Herr.
Gloster.
Wie lange bist du blind?
Simpcox.
O, blind geboren.
Gloster.
Was, und stiegst auf Bäume?

Zweiter Aufzug. Erste Scene.

Simpcox.
Einmal mein Leben lang, als junger Mensch.
Frau.
Ja wohl; sein Klettern kam ihm schwer zu stehn.
Gloster.
Gelt, mochtest Pflaumen gern, daß du es wagtest?
Simpcox.
Ach, Herr, mein Weib hatt' Appetit auf Zwetschen
Und ließ mich klettern mit Gefahr des Lebens.
Gloster.
Ein feiner Schelm! Doch helfen soll's ihm nicht.
Zeig' deine Augen — drück' sie zu — mach' auf!
Nach meiner Meinung siehst du noch nicht recht.
Simpcox.
Herr, sonnenklar, Gott sei's gedankt und Sanct-Albanus!
Gloster.
Ist's wahr? Von welcher Farb' ist dieser Mantel?
Simpcox.
Roth, Herr, so roth wie Blut.
Gloster.
Ganz recht. Von welcher Farb' ist denn mein Rock?
Simpcox.
Schwarz, meiner Treu; pechschwarz wie Ebenholz.
König Heinrich.
Du weißt, was Ebenholz für Farbe hat?
Suffolk.
Obwol er niemals Ebenholz gesehn.
Gloster.
Doch Röck' und Mäntel schon vor heut in Menge.
Frau.
Niemals vor heute, all sein Leben lang.
Gloster.
 Sag' mir, Kerl, wie ist mein Name?

Simpcox.

Ach, Herr, ich weiß nicht.

Gloster.

Wie ist sein Name?

Simpcox.

Ich weiß nicht.

Gloster.

Auch seinen nicht?

Simpcox.

Nein, wirklich nicht.

Gloster.

Wie ist denn **dein** Name?

Simpcox.

Sander Simpcox, zu Befehl Herr.

Gloster.

Gut, Sander, sitz hier denn der ärgste Lügner
In Christenlanden. Wärst du blind geboren,
So könntest du all unsre Namen wissen,
So gut wie du die Farben nennen kannst.
Die Sehkraft kann die Farben unterscheiden,
Jedoch sie plötzlich nennen kann sie nicht. —
Mylords, dies ist ein Wunder Sanct=Alban's;
Und würd' euch dessen Kunst nicht groß bedünken,
Der diesem Krüppel auf die Beine hülfe?

Simpcox.

O, wenn der Herr das könnte!

Gloster.

Ihr Leute von Sanct=Albans, habt ihr nicht Büttel in eurer
Stadt und Dinger, die man Peitschen nennt?

Schulz.

Ja, Mylord, Euer Gnaden zu dienen.

Gloster.

Dann holt sie auf der Stelle.

Schulz.

He, du, lauf und hol' den Büttel hierher.
(Einer aus dem Gefolge ab.)

Gloster.

Jetzt bringt mir flugs einen Schemel hierher. — So, Freund,

Zweiter Aufzug. Erste Scene.

wenn du der Peitsche entgehen willst, spring mir über diesen Schemel
und lauf weg.

Simpcox.

Ach, Herr, ich kann nicht allein stehn; Ihr werdet mich nutzlos
peinigen.

(Der Abgeschickte kommt zurück mit dem Büttel.)

Gloster.

Nun, Mann, wir müssen dir helfen, daß du wieder zu deinen
Beinen kommst. — Heda, Büttel, peitsch' ihn, bis er hier über den
Schemel springt.

Büttel.

Ganz wohl, Mylord. — Komm, Freund; flink herunter mit
dem Wams!

Simpcox.

Ach, Herr, was soll ich machen? Ich kann nicht mal stehn.

(Nachdem der Büttel ihn einmal geschlagen hat, springt Simpcox über den Schemel und läuft weg, das Volk hinterdrein mit dem Rufe „Ein Wunder!")

König Heinrich.

Gott, siehst du dies, und bist so lang' geduldig?

Königin.

Ich mußte lachen, wie der Bube lief.

Gloster.

Verfolgt den Schelm, und nehmt das Weibsbild mit!

Frau.

Ach, Herr, wir haben's blos aus Noth gethan.

Gloster.

Man peitsche sie durch alle Städt' und Märkte,
Bis sie nach Berwick kommen, wo sie her sind.

(Der Schulz, der Büttel, die Frau und die andern ab.)

Cardinal.

Ein Wunder, das Herrn Humfrid heut gelang!

Suffolk.

Er machte, daß ein Lahmer lief und sprang.

Gloster.

Ihr konntet größre Wunder einst vollbringen:
Ihr ließt auf einmal ganze Städte springen.
           (Buckingham tritt auf.)
König Heinrich.
Was bringt uns unser Vetter Buckingham?
Buckingham.
Was zu enthüllen meine Seele bebt.
Ein Pack Gesindel von verworfnem Sinn
Hat unterm Schutz und mit dem Einverständniß
Frau Leonorens, des Protectors Gattin,
Der Rädelsführerin der ganzen Rotte,
Mit schändlichen Praktiken Euch bedroht
Im Bunde mit Beschwörern und mit Hexen.
Wir haben sie ergriffen auf der That,
Wie sie verdammte Höllengeister riefen,
Nach König Heinrich's Tod und Leben fragend
Und andrer von des Königs hohem Rath,
Wie Eure Hoheit weiter hören wird.
Cardinal.
Und so, Mylord Protector, steht in London
Der Frau Gemahlin ein Termin bevor:
Dies, denk' ich, wendet Eures Degens Spitze;
Ihr werdet schwerlich Eure Stunde halten.
Gloster.
Hoffärt'ger Pfaff! Laß ab mein Herz zu kränken.
Kummer und Gram besiegt all' meine Kraft,
Und also überwältigt weich' ich dir
Und dem geringsten Knecht.
König Heinrich.
Gott, welches Unheil stiften doch die Bösen
Und häufen Elend auf ihr eignes Haupt!
Königin.
Gloster, da schau' den Schmuz in deinem Neste,
Sorg', daß du selbst rein bleibst; es wär' das Beste.
Gloster.
Ich, gnäd'ge Frau, Gott weiß, wie unverwandt
Ich meinen König liebt' und unser Land;

Und meine Frau — ich weiß nicht, wie es steht,
Ich bin betrübt zu hören was ich hörte —
Wohl ist sie edel; doch, vergaß sie Ehre
Und Tugend und verkehrte mit Gesindel,
Das gleich dem Pech befleckt ein edles Haus,
So stoß' ich sie von Bett und Umgang aus
Und geb' als Beute sie der Straf' und Schande,
Die Gloster's guten Ruf entehrt im Lande.

König Heinrich.

Wohl, heute Nacht noch wollen wir hier rasten,
Und morgen kehren wir nach London heim,
Um diesen Handel gründlich zu besehn
Und diese Frevler vor Gericht zu fodern,
Die Wage haltend, die stets richtig wiegt,
Des Rechtes, dessen Sache allzeit siegt.

(Trompetenfanfare. Alle ab.)

Zweite Scene.

London. Der Garten des Herzogs von York.

York, Salisbury und Warwick treten auf.

York.

Nun, liebe Herrn von Salisbury und Warwick,
Da unser schlichtes Mahl vorbei, erlaubt,
Daß ich zu meinem Trost in diesem Laubgang
Euch frag' um euer ganz unfehlbar Urtheil
Hinsichtlich meines Rechts an Englands Thron.

Salisbury.

Mylord, ich wünsch' es gründlich zu vernehmen.

Warwick.

Sprich, lieber York; und ist dein Anspruch gut,
So sind die Nevils deine Unterthanen.

York.

Hört denn.
Edward der Dritte hatte sieben Söhne:
Erst Edward Prinz von Wales, der Schwarze Prinz;
Sodann William von Hatfield; und der dritte

Der Herzog Lionel von Clarence; dann
Kam John von Gent, Herzog von Lancaster;
Der fünfte Edmund Langley, Herzog York;
Thomas von Woodstock dann, Herzog von Gloster;
William von Windsor war der sieht' und letzte.
Edward, der Schwarze Prinz, starb vor dem Vater
Und hinterließ als einz'gen Sohn den Richard,
Der nach dem Tod Edward's des Dritten herrschte,
Bis Heinrich Bolingbroke von Lancaster,
Der älteste Sohn und Erbe John's von Gent,
Heinrich der Vierte mit dem Krönungsnamen,
Das Reich ergriff, den rechten König stürzte,
Die arme Königin heim nach Frankreich schickte
Und ihn nach Pomfret, wo, wie allbekannt,
Der gute Richard schnöd' ermordet ward.

Warwick.

Vater, der Herzog sagt die Wahrheit:
So kam das Haus von Lancaster zum Thron.

York.

Den es durch Macht behauptet, nicht nach Recht.
Als Richard starb, der Sohn des Erstgebornen,
Mußte der Stamm des nächsten Sohns regieren.

Salisbury.

William von Hatfield starb ja unbeerbt.

York.

Clarence, der dritte Sohn, von dessen Stamm
Ich meinen Anspruch an die Krone leite,
Ließ Erben nach: Philippa, eine Tochter,
Die Edmund Mortimer, Graf von March, gefreit hat;
Wohl, Edmund's Sohn war Roger, Graf von March,
Und Roger zeugte Edmund, Anna und Lenore.

Salisbury.

Ja dieser Edmund, unter Bolingbroke,
Wie ich gelesen, forderte die Krone
Und wär' auch König worden, hätt' ihn nicht
Owen Glendower lebenslänglich eingesperrt.
Doch weiter!

York.

Seine älteste Schwester Anna
Und meine Mutter, als der Krone Erbin,

Heirathete Richard Graf von Cambridge, Sohn
Von Edmund Langley, Edward's fünftem Sohn.
Von ihr leit' ich mein Recht; sie war die Erbin
Roger's, Grafen von March; der war der Sohn
Des Edmund Mortimer, der Philippa freite,
Erbtochter Lionel's, Herzogs von Clarence.
So, wenn der Stamm des ältern Sohns dem Stamm
Des jüngern Sohns vorangeht, bin ich König.

Warwick.

Kein klarer Fall kann klarer sein als dies.
Heinrich besitzt den Thron von John von Gent,
Dem vierten Sohn; York hat sein Recht vom dritten.
Bis Lionel's Stamm erlischt, sollt' er nicht herrschen;
Noch blüht sein Stamm in dir und deinen Söhnen,
Den schönen Sprößlingen des edlen Baums.
Drum, Vater Salisbury, laß uns beide knien
Und hier, an stillem Ort, die ersten sein,
Die unsern echten Souverän begrüßen
Mit Ehren seines Erbrechts an den Thron.

Beide.

Lang' lebe König Richard, unser Herr!

York.

Wir danken, Lords. Doch König bin ich nicht,
Bis ich gekrönt bin und mein Schwert gefärbt
Vom Lebensblut des Hauses Lancaster;
Und das ist nicht urplötzlich auszuführen,
Das heischt Bedacht und stille Heimlichkeit.
Thut ihr wie ich in diesen schlimmen Tagen
Und drückt die Augen zu bei Suffolk's Frechheit,
Bei Beaufort's Stolz, beim Ehrgeiz Somerset's,
Beim Treiben Buckingham's, der ganzen Rotte,
Bis sie den Hirten bei der Heerd' umgarnt,
Den tugendhaften, guten Herzog Humfrid:
Das suchen sie und finden bei dem Suchen
Den eignen Tod, wenn York weissagen kann.

Salisbury.

Genug, Mylord; wir sehn jetzt völlig klar.

Warwick.

Mein Herz versichert mir, daß einst Graf Warwick
Den Herzog York zum König machen wird.

York.

Und, Nevil, dies versichre ich mir selbst,
Daß Richard einst den Grafen Warwick macht
Zum größten Mann in England nach dem König.
(Alle ab.)

Dritte Scene.

Ebendaselbst. Ein Gerichtssaal.

Trompetenfanfare. **König Heinrich, Königin, Gloster, York, Suffolk** und **Salisbury** treten auf. Die Herzogin von Gloster, Grete Jordan, Southwell, Hume und Bolingbroke werden von der Wache hereingeführt.

König Heinrich.

Kommt vor, Lenore Cobham, Gloster's Weib.
Vor Gott und uns ist Euer Frevel groß;
Empfanget des Gesetzes Spruch für Sünden,
Die todeswürdig sind nach Gottes Schrift. —
Ihr andern vier, zurück in das Gefängniß,
Und vom Gefängniß nach dem Hochgericht!
Die Hexe brenne man zu Asch' in Smithfield,
Euch drei soll man erdrosseln an dem Galgen. —
Ihr, Herzogin, weil adlich von Geburt,
Sollt, Eurer Ehren vor der Welt entkleidet,
Nach dreien Tagen öffentlicher Buße
Im eignen Land hier in Verbannung leben
Mit Sir John Stanley auf der Insel Man.

Herzogin.

Willkommen, Bann! Willkommen wäre Tod.

Gloster.

Du siehst, Lenore, das Gesetz verdammt dich;
Wo es verurtheilt, kann ich nicht entschuld'gen.
(Die Herzogin und die übrigen Gefangenen werden abgeführt.)
Mein Aug' ist thränenvoll, mein Herz voll Grams.
Ach, Humfrid, diese Schand' in deinem Alter
Bringt noch dein Haupt mit Jammer in die Grube!

Zweiter Aufzug. Dritte Scene.

Ich bitt' Eu'r Majestät, weggehn zu dürfen;
Der Gram verlanget Trost, mein Alter Ruh.

König Heinrich.

Halt, Humfrid Herzog Gloster; eh' du gehst,
Gib deinen Stab mir; Heinrich will sich selbst
Protector sein, und Gott sei meine Hoffnung,
Mein Schutz und Hort und meines Fußes Leuchte!
Und geh in Frieden, mir nicht minder werth
Denn vormals als Protector deines Königs.

Königin.

Ich seh' nicht ein, warum ein münd'ger König
Beschirmt zu werden brauchte wie ein Kind.
Gott und Herr Heinrich lenken Englands Glück;
Gebt Eurem König Stab und Reich zurück.

Gloster.

Den Stab? Hier ist mein Stab, erlauchter Heinrich.
So gern verzicht' ich auf denselben Stab,
Wie einst dein Vater Heinrich ihn mir gab;
So gerne leg' ich ihn zu Füßen dir,
Wie andr' ihn nehmen würden mit Begier.
Lebt wohl, mein König! Wenn ich heimgegangen,
Mög' Euer Thron in Ehr' und Frieden prangen!

(Ab.)

Königin.

Nun bist du König, ich nun Königin,
Und Humfrid Herzog Gloster kaum er selbst,
Der so verstümmelt ward — zwei Hieb' auf einmal:
Sein Weib verbannt, und abgehaun ein Glied,
Sein Ehrenstab geraubt; wie sich's gebührt,
Von Heinrich's Hand werd' er hinfort geführt.

Suffolk.

So bricht die hohe Tann' und hängt die Zweige;
So geht Lenorens junger Stolz zur Neige.

York.

Genug von ihm. Beliebt es Eurer Hoheit,
Heut ist der anberaumte Tag zum Zweikampf,
Und Kläger und Beklagter stehn bereit
Der Waffenschmied und Lehrbursch, an den Schranken,
Falls Eure Hoheit wünscht den Kampf zu sehn.

Königin.

Ja, lieber Herr; ich kam ja eigens her
Vom Hof, um dieser Probe zuzuschaun.

König Heinrich.

Im Namen Gottes, ordnet Platz und alles;
Der Kampf entscheid', und schütze Gott das Recht!

York.

Nie sah ich einen Kerl in schlimmrer Fassung
Und ängstlicher zu fechten als den Kläger,
Den Burschen dieses Waffenschmieds, Mylords.

(Von der einen Seite kommt Horner mit seinen Nachbarn, die ihn mit Zutrinken betrunken machen; er trägt eine Stange mit einem daran befestigten Sandbeutel, ein Trommelschläger vor ihm her. Ebenso von der andern Seite Peter mit Trommelschläger und Stange, begleitet von Lehrburschen, die ihm zutrinken.)

Erster Nachbar.

Hier, Meister Horner, ich trink' Euch mit einem Becher Sect zu. Und seid nicht bange, Nachbar; es wird schon gut gehn.

Zweiter Nachbar.

Und hier ist ein Krug Scharneco, Nachbar.

Dritter Nachbar.

Und hier eine Kanne gutes Doppelbier, Nachbar; trinkt, und fürchtet Euch nicht vor Euerm Burschen.

Horner.

Laßt es nur kommen, alle Wetter, und ich will euch allen Bescheid thun, und ich frage den Henker nach Peter.

Erster Lehrbursche.

Hier, Peter, ich trinke dir zu, und sei nicht bange.

Zweiter Lehrbursche.

Munter, Peter, und fürchte den Meister nicht; schlag dich für die Ehre der Lehrburschen.

Peter.

Ich danke euch allen; trinkt und betet für mich, ich bitte euch; denn ich glaube, ich habe meinen letzten Schluck in dieser Welt gethan. — Hier, Rupert, wenn ich sterbe, geb' ich dir mein Schurzfell; und, Wilhelm, du sollst meinen Hammer haben; und hier, Thomas, nimm all mein Geld, was ich habe. — O Gott, steh mir

Zweiter Aufzug. Dritte Scene.

bei! Ich bitte Gott, weil ich's mit Meister nimmer aufnehmen kann; er hat schon so viel fechten gelernt.

Salisbury.

Kommt, laßt das Trinken sein und kommt zu den Hieben. Wie heißest du, Bursch?

Peter.

Na Peter, natürlich.

Salisbury.

Peter — wie weiter?

Peter.

Puff.

Salisbury.

Puff; dann sieh zu, daß du deinen Meister gehörig puffst.

Horner.

Meisters, ich bin hier, so zu sagen auf Instigirung meines Burschen, um zu beweisen, daß er ein Hundsfott ist und ich ein ehrlicher Mann; und was der Herzog von York ist, so will ich drauf sterben, daß ich nie was Böses gegen ihn im Sinn gehabt hab', und gegen die Frau Königin auch nicht. — Und darum, Peter, los auf dich mit einem tüchtigen Hieb!

York.

Vorwärts; denn dieser Schelm fängt an zu lallen.
Trompeter, blast den Kämpfern ein Signal!

(Trompetenstoß. Sie fechten. Peter schlägt seinen Meister nieder.)

Horner.

Halt, Peter, halt! Ich bekenn', ich bekenne Hochverrath.
(Er stirbt.)

York.

Nehmt seine Waffe weg. — Danke Gott, Bursch, und dem guten Wein, der deinem Meister in den Weg kam.

Peter.

O Gott, hab' ich meine Widersacher überwunden in dieser hohen Versammlung? O Peter, du hast gesiegt für die gerechte Sache!

König Heinrich.

Schafft den Verräther fort aus unsern Augen;
Sein Tod beweist uns, daß er schuldig war,

Und Gott der Allgerechte offenbart uns
Die Treu und Unschuld dieses armen Menschen,
Den er zu morden dacht' in argem Sinn. —
Komm, Bursch, und hol' dir deinen Lohn von uns.
(Alle ab.)

Vierte Scene.

Ebendaselbst. Eine Straße.

Gloster und Diener in Trauermänteln treten auf.

Gloster.

So hat der hellste Tag oft eine Wolke;
Dem Sommer folgt allzeit der kahle Winter
Mit seinem grimmigen und scharfen Frost;
Lust kommt und Leid, wie Jahreszeiten fliehn! —
Was ist die Glocke, Leute?

Ein Diener.

Zehn, Mylord.

Gloster.

Zehn ist die Stunde, wo ich warten soll
Aufs Kommen meiner büßenden Gemahlin;
Wie sauer wird's ihr sein, die stein'gen Straßen
Zu wandeln mit den zart verwöhnten Füßen!
Herz-Lenchen, schwer erträgt dein adlich Herz,
Wann niedrer Pöbel ins Gesicht dir gafft,
Mit hämischen Blicken deiner Schande lachend,
Der deinen stolzen Wagenrädern nachlief,
Wann im Triumph du durch die Straßen fuhrst.
Doch still, sie kommt; und vorbereiten will ich
Mein thränendunkles Aug', ihr Leid zu sehn.

(Die Herzogin von Gloster kommt barfuß in einem weißen Hemd, mit einer brennenden Kerze in der Hand und Zettel auf den Rücken geheftet; Sir John Stanley, ein Sheriff und Beamte.)

Ein Diener.

Mylord, wir machen sie vom Sheriff los.

Gloster.

Bei eurem Kopf, seid still; laßt sie vorbei!

Zweiter Aufzug. Vierte Scene.

Herzogin.

Kommt mein Gemahl, um meine Schmach zu sehn?
Nun thust du Buße mit. Schau, wie sie gaffen;
Schau, wie der Pöbel dich mit Fingern zeigt
Und mit den Köpfen nickt und Augen macht!
O, Gloster, flieh vor ihren garst'gen Blicken,
Im Kämmerlein bejammre meine Schmach
Und fluch' auf deine Feinde — mein' und deine!

Gloster.

Mein Lenchen, hab' Geduld; vergiß dies Leid.

Herzogin.

Ach, Gloster, lehre mich mich selbst vergessen!
Solang' ich denk', ich bin dein ehlich Weib
Und du ein Prinz, Protector dieses Landes,
Scheint mir's, daß man mich so nicht führen sollte,
In Schmach gepanzert, Zettel auf dem Rücken,
Gesindel hinter mir, das meiner Thränen
Und tiefgeholten Seufzer sich erfreut.
Grausam Gestein ritzt meine zarten Füße,
Und wenn ich zucke, lacht das böse Volk
Und ruft mir zu, behutsam aufzutreten.
O, Humfrid, solch ein schimpflich Joch ertrüg' ich?
Meinst du, ich werde je die Welt anschaun
Und glücklich preisen wen der Tag bescheint?
Nein, dunkel sei mein Licht, und Nacht mein Tag,
Und meines Pomps gedenken meine Hölle!
Dann sag' ich: „Ich bin Herzog Humfrid's Weib
Und er ein Prinz und ein Regent im Reich;
Doch so regiert' er und war solch ein Prinz,
Daß er dabei stand, als sein hülflos Weib
Zum Schauspiel ward gemacht und Fingerziel
Für jeden bubenhaften Tagedieb."
Ja, sei du sanft, glüh' nicht bei meiner Schmach,
Und rühr' dich nicht, bis über deinem Haupt
Das Beil des Todes hängt — was bald geschehn wird;
Denn Suffolk, er, der alles ist in allem
Bei jener, die dich haßt, uns alle haßt,
Und Dork, und Beaufort dieser falsche Pfaff,
Sie alle streichen Leim für deine Flügel,
Und flieg du wie du magst, sie fangen dich.
Doch du sei sorglos, bis dein Fuß verstrickt ist,
Und komm doch ja nicht deinem Feind zuvor.

Gloſter.

Lenchen, halt ein, du zielſt durchaus verkehrt.
Erſt muß ich freveln, eh' man mich verdammt;
Und hätt' ich zwanzigmal ſo viele Feinde
Und jeder hätte zwanzigfache Macht,
Sie könnten doch mir keinen Schaden thun,
Solang' ich treu und redlich bin und ſchuldlos.
Soll ich aus dieſem Schimpfe dich befrein?
Ach, deine Schmach wär' doch nicht weggewiſcht,
Ich aber in Gefahr um Bruch des Rechtes.
Die beſte Hülf' iſt Ruh, mein liebes Lenchen!
Komm, lehr' dein Herz ſich fügen in Geduld;
Dies Aufſehn wen'ger Tage legt ſich bald.
(Ein Herold tritt auf.)

Herold.

Ich lade Euer Gnaden zu Seiner Majeſtät Parlament nach Bury auf den erſten des nächſtkommenden Monats.

Gloſter.

Und ohne mich um Beiſtimmung zu fragen?
Das nenn' ich heimlich! — Gut, ich werde kommen.
(Der Herold ab.)
Mein Lenchen, ich muß fort. — Und, Meiſter Sheriff,
Laßt ſie nicht härter büßen als beſtimmt iſt.

Sheriff.

Verzeiht, Mylord; mein Auftrag endet hier;
Und Sir John Stanley iſt nunmehr beſtellt,
Sie mitzunehmen nach der Inſel Man.

Gloſter.

Ihr ſollt, Sir John, die Herzogin bewachen?

Stanley.

Ja, Euer Gnaden, dahin geht mein Auftrag.

Gloſter.

Verfahrt mit ihr nicht hart, weil ich Euch bitte,
Daß Ihr ſie ſchont; die Welt kann wieder lächeln,
Und ich kann leben um Euch zu vergelten,'
Was Ihr gethan an ihr. Und ſo lebt wohl.

Herzogin.

Geht mein Gemahl und ſagt mir nicht Lebwohl?

Zweiter Aufzug. Vierte Scene.

Gloster.

An meinen Thränen sieh, daß ich's nicht kann.
(Gloster und die Diener ab.)

Herzogin.

Auch du gehst fort? Geh aller Trost mit dir!
Denn keiner bleibt bei mir; mein Glück ist — Tod,
Tod, dessen Name sonst mich oft geschreckt,
Weil dieses Lebens Ewigkeit ich wünschte. —
Ich bitt' Euch, Stanley, geht und nehmt mich fort,
Gleichviel wohin; ich bitt' um keine Gunst,
Nur führt mich hin, wohin man Euch befahl.

Stanley.

Ei, gnäd'ge Frau, Ihr sollt zur Insel Man
Und dort nach Eurem Stand gehalten werden.

Herzogin.

Das heißt: recht schlecht; denn ich bin nichts als Schmach,
Und soll ich denn schmachvoll gehalten werden?

Stanley.

Wie eine Herzogin, Gemahlin Gloster's:
Nach diesem Stand sollt Ihr behandelt werden.

Herzogin.

Sheriff, leb' wohl und besser als ich lebe,
Wiewol du meiner Schmach Geleitsmann warst.

Sheriff.

Es ist mein Dienst; verzeiht mir, gnäd'ge Frau.

Herzogin.

Ja, ja; leb' wohl, dein Dienst ist nun vollbracht. —
Kommt, Stanley, gehn wir nicht?

Stanley.

Erst, nach vollbrachter Buße, werft dies Hemd ab;
Und gehn wir Euch zur Reise anzuziehn.

Herzogin.

Die Schmach läßt sich nicht abthun mit dem Hemde;
Sie wird an meinen reichsten Kleidern hangen
Und sichtbar bleiben, wie ich auch mich schmücke.
Geht, vorwärts; mich verlangt in mein Gefängniß.
(Alle ab.)

Dritter Aufzug.

Erste Scene.

Die Abtei zu Bury.

Trompeten. **König Heinrich**, die **Königin**, **Cardinal Beaufort**, **Suffolk**, **York**, **Buckingham** und andere treten zur Parlamentssitzung ein.

König Heinrich.

Mich wundert, daß Mylord von Gloster fehlt;
Er pflegt sonst nicht der letzte Mann zu sein,
Was auch der Anlaß sei, der jetzt ihn fern hält.

Königin.

Könnt Ihr nicht sehen, oder wollt Ihr nicht,
Wie sein verwandelt Antlitz fremd geworden,
Mit welcher Majestät er sich geberdet,
Wie übermüthig er geworden ist,
Wie stolz, wie herrisch und sich selber ungleich?
Ich weiß die Zeit, da war er mild und freundlich,
Und wann wir nur von ferne nach ihm blickten,
Flugs war er auf den Knien, und seine Demuth
War die Bewunderung des ganzen Hofs;
Jetzt aber trefft ihn, selbst am frühen Morgen,
Wo jeder doch die Tagszeit bieten wird,
So runzelt er die Brau'n, sein Auge zürnt,
Und ungebognen Knies geht er vorbei,
Die Huldigung, die uns gebührt, verschmähend.
Wenn Möpse kläffen, achtet man sie nicht;
Doch brüllt der Leu, so zittern große Männer —
Und Humfrid ist kein kleiner Mann in England.
Bedenkt, daß er Euch nah ist von Geblüt
Und, wenn Ihr fallt, der nächste wär' im Steigen!
Mir scheint daher, es ist nicht Politik —
Wenn wir erwägen, wie sein Herz voll Grolles

Dritter Aufzug. Erste Scene.

Und wie sein Vortheil Eurem Hintritt folgt —
Daß er zu Eurer fürstlichen Person
Und Eurer Hoheit Rath den Zutritt habe.
Durch Schmeicheln hat er der Gemeinen Gunst,
Und wenn es ihm gefiel' Unruh zu stiften,
So, fürcht' ich, folgten sie ihm alle nach.
's ist Frühling noch und Unkraut flach gewurzelt;
Schont ihr es jetzt, so wuchert es im Garten,
Die Saat erstickend, weil's an Pflege fehlt.
Aus ehrerbiet'ger Sorg' um meinen Herrn
Erwog ich diese Fährlichkeiten Gloster's;
Wenn's thöricht ist, so nennt es Weiberfurcht,
Und muß die Furcht vor bessern Gründen weichen,
So füg' ich mich und sag', ich that ihm Unrecht. —
Mylord von Suffolk, Buckingham, und York,
Bestreitet meinen Satz, wofern ihr könnt;
Sonst räumet ein, daß zutrifft was ich sage.

Suffolk.

Eur' Hoheit hat den Herzog wohl durchschaut,
Und hätt' ich selbst als erster sprechen müssen,
Ich hätte gelt dasselbe Stück erzählt.
Die Herzogin begann auf seinen Antrieb,
So wahr ich lebe, ihre Teufelskünste;
Und wenn er nicht um diesen Frevel wußte,
So hat der Hinblick doch auf seine Abkunft —
Weil er des Königs nächster Erbe wär' —
Und solche Prahlerei mit seinem Rang
Die hirnverbrannte Herzogin gereizt
Boshaft nach unsers Fürsten Sturz zu trachten.
Glatt läuft das Wasser, wo die Bäche tief sind;
Und unter schlichtem Schein herbergt er Tücke.
Der Fuchs bellt nicht, der Lämmer stehlen will.
Nein, nein, mein Lehnsherr, Gloster ist ein Mann
Noch unergründet und voll tiefen Trugs.

Cardinal.

Erfand er nicht, dem klaren Recht zuwider,
Fremdart'ge Todesart für kleine Schuld?

York.

Und hob er nicht, als er Protector war,
Im ganzen Reiche schweres Geld zum Solde
Des Heers in Frankreich, aber schickt' ihn nie,
Sodaß die Städte täglich los sich rissen?

Buckingham.

Pah, das sind kleine Fehler neben andern
Verborgnen Fehlern dieses glatten Herzogs,
Die erst die Zeit zu Tage fördern wird.

König Heinrich.

Mylords, mit Einem Wort: all eure Sorge,
Gebörn vor unsern Füßen wegzumähn,
Ist Lobes werth; doch, soll ich ehrlich reden,
So weit entfernt ist unser Oheim Gloster
Verrath zu sinnen wider unser Haupt,
Wie eine sanfte Taub', ein saugend Lamm.
Der Herzog ist zu tugendhaft und milde,
Um nur im Traum nach meinem Sturz zu trachten.

Königin.

O, wie gefährlich ist dies blinde Zutraun!
Gleicht er der Taub'? Er hat geborgte Federn,
Denn wie der böse Rab' ist er gesinnt;
Ist er ein Lamm? Sein Fell ist ihm geliehn,
Denn von Gemüth ist er ein gier'ger Wolf.
Wer täuschen will, stiehlt leicht den äußern Schein.
Seid auf der Hut, Herr; unser aller Wohl
Hängt an dem Sturze dieses falschen Manns!

(Somerset tritt auf.)

Somerset.

Die beste Wohlfahrt meinem gnäd'gen Lehnsherrn!

König Heinrich.

Seid mir gegrüßt, Mylord. Wie steht's in Frankreich?

Somerset.

So steht's, daß Euer ganzer Theil am Reich
Euch dort geraubt ist; alles ist verloren.

König Heinrich.

Schlimm Glück, Lord Somerset. Doch wie Gott will!

York (bei Seite).

Schlimm Glück für mich, weil ich so fest auf Frankreich
Hoffnung gehegt wie auf das reiche England:
So sterben meine Blüten in der Knospe,
Und Raupen fressen meine Blätter weg!

Dritter Aufzug. Erste Scene.

Allein ich steure nächstens dieser Wirthschaft,
Oder verkauf' mein Recht für'n rühmlich Grab.
(Gloster tritt auf.)

Gloster.

Sei alles Glück mit meinem Herrn und König!
Vergebt, mein Fürst, daß ich so lang' verzog.

Suffolk.

Nein, Gloster, merk', du bist zu früh gekommen,
Du müßtest denn treu sein, wie du nicht bist.
Ich nehme dich in Haft um Hochverrath.

Gloster.

Wohl, Suffolk's Herzog,
Du sollst mich wahrlich nicht erröthen sehn
Bei der Verhaftung noch die Mienen wechseln;
Ein lautres Herz wird nicht so leicht gebeugt.
Der reinste Quell ist nicht so frei von Schlamm,
Wie ich von Treubruch wider meinen Herrn.
Wer klagt mich an? Und worin bin ich schuldig?

York.

Man glaubt, Mylord, daß Frankreich Euch bestochen
Und Ihr den Sold der Truppen unterschlugt,
Wodurch der König Frankreich dann verlor.

Gloster.

Man glaubt es nur? Wer sind die, die es glauben?
Ich habe nie den Truppen Sold geraubt,
Noch je von Frankreich einen Deut erhalten.
So helfe Gott mir, wie ich nachts gewacht,
Ja, Nacht für Nacht, bemüht um Englands Wohl!
Der Pfennig, den ich je dem König nahm,
Der Heller, den ich aufgespart für mich,
Mög' am Gerichtstag zeugen wider mich;
Nein, manches Pfund von meinen eignen Mitteln,
Weil ich das arme Volk nicht schatzen wollte,
Hab' ich an die Besatzungen gezahlt,
Und Rückerstattung hab' ich nie begehrt.

Cardinal.

Es frommt Euch sehr, Mylord, dies zu behaupten.

Gloster.
Ich sage nur die Wahrheit, helf' mir Gott!
York.
Ihr brachtet als Protector für Verbrecher
So neue Martern auf, niemals erhörte,
Daß England wegen Tyrannei verschrien war.
Gloster.
Ei, jeder weiß, daß während meines Amtes
Mitleid der einz'ge Fehler war an mir:
Ich schmolz bei eines Missethäters Thränen,
Demüth'ge Worte sühnten ihre Schuld;
Wofern es nicht ein blut'ger Mörder war
Oder ein arger, frevelhafter Dieb,
Der arme Reisende geplündert hatte,
Hab' ich sie niemals nach Verdienst gestraft.
Mord, ja, die blut'ge Sünde, martert' ich
Noch über Diebstahl oder andern Frevel.
Suffolk.
Mylord, dies sind nur winzige Vergehn;
Doch größre Schuld wird Euch zur Last gelegt,
Davon Ihr Euch nicht leicht ausreden könnt.
Ich nehm' Euch fest im Namen Seiner Hoheit
Und übergeb' Euch dem Lord Cardinal,
Euch zu verwahren zu Verhör und Urtheil.
König Heinrich.
Ich hoff' absonderlich, Mylord von Gloster,
Daß Ihr Euch reiniget von allem Argwohn;
Mir sagt mein Herz, daß Ihr unschuldig seid.
Gloster.
Ach, gnäd'ger Herr, die Zeiten sind gefährlich:
Die Tugend wird erstickt von argem Ehrgeiz,
Und die Barmherzigkeit verjagt vom Groll;
Die Arglist böser Ränke triumphirt,
Und Billigkeit ist aus dem Reich verbannt.
Ich weiß, daß ihr Complot mein Leben sucht,
Und wenn mein Tod dies Land beglücken könnte
Und wär' das Ende ihrer Tyrannei,
Ich würd' es ohne Sträuben gern verlieren.
Doch ist mein Tod nur ihres Stücks Prolog:
Noch tausend ahnungslose Opfer werden

Ihr angezettelt Trauerspiel nicht schließen.
Beaufort's rothfunkelnd Aug' schwatzt seinen Grimm aus,
Und Suffolk's düstre Stirne stürm'schen Haß;
Der scharfe Buckingham macht mit der Zunge
Der hämischen Last auf seinem Herzen Luft;
Und der verbißne York, der nach dem Mond langt
Und dessen frechen Arm ich rückwärts riß,
Zielt mir mit falscher Klage nach dem Leben. —
Und Ihr, erlauchte Fürstin, mit den andern
Habt grundlos Unehr' auf mein Haupt gelegt
Und habt mit Euerm besten Fleiß geschürt,
Aufdaß mein liebster Herr mein Gegner werde.
Ja, all ihr stecktet eure Köpf' zusammen —
Ich wußte selbst von euern Conventikeln —
Blos um mein schuldlos Leben abzuthun.
Falsch Zeugniß, mir zum Sturz, wird nicht fehlen
Noch Füll' an Ränken, meine Schuld zu mehren;
Das alte Sprichwort wird an mir bewährt:
Nie fehlt der Stock, um einen Hund zu schlagen.

Cardinal.

Mein Lehensherr, sein Schmähn ist unerträglich!
Wenn die, so Eure fürstliche Person
Vor des Verraths verstecktem Messer hüten,
So ausgezankt, beschimpft, gescholten werden
Und man dem Frevler freie Rede gönnt,
Das macht den Eifer kühl für Eure Hoheit.

Suffolk.

Hat er nicht unsre hohe Frau gezwackt
Mit schnöden Worten, wenn auch klug gesetzt,
Als ob sie falsche Zeugen hätt' erkauft,
Durch Meineid ihn von seiner Höh' zu stürzen?

Königin.

Nun, dem Verlierer gönn' ich gern zu schimpfen.

Gloster.

Viel wahrer, als Ihr's meint. Ja, ich verliere;
Fluch den Gewinnern, denn sie spielten falsch!
Wer so verliert, hat wol ein Recht zu reden.

Buckingham.

Er preßt den Sinn und hält uns hier bis Nacht. —
Lord Cardinal, der Mann ist Eu'r Gefangner.

Cardinal.
Ihr, führt den Herzog ab; bewacht ihn gut.

Gloster.
Ach! So wirft Heinrich seine Krücken weg,
Eh' seine Bein' ihn selber tragen können;
So wird der Hirt verdrängt von deiner Seite,
Und Wölfe fletschen, wer zuerst dich fresse.
O gebe Gott, daß leere Furcht mich äffe,
Denn dein Verderben fürcht' ich, lieber Neffe!
(Gloster wird von Wache abgeführt.)

König Heinrich.
Mylords, was eure Weisheit gut befindet
Thut oder laßt, als wär'n wir selber hier.

Königin.
Was, will mein Herr das Parlament verlassen?

König Heinrich.
Ja, Margaretha. Gram ertränkt mein Herz,
Und seine Flut steigt schon in meine Augen;
Mein Leib ist ganz umgürtet rings von Jammer:
Denn was ist jammervoller als Mißvergnügen? —
Ach, theurer Ohm, in deinem Antlitz seh' ich
Den Grundriß aller Ehr' und Treu und Wahrheit,
Die Stunde soll noch kommen, guter Humfrid,
Wo ich dich falsch erfand und dir mißtraute;
Welch dräu'nder Stern mißgönnt dir nun dein Ansehn,
Daß diese großen Lords und mein Gemahl
Dein schuldlos Leben zu verderben trachten?
Du hast sie nie gekränkt, niemand gekränkt;
Und wie der Metzger nimmt das arme Kalb
Und bindet es und schlägt es, wenn es abschweift,
Und schleppt es so ins blut'ge Schlächterhaus,
So fühllos haben sie ihn weggeschleppt;
Und wie die Mutter brüllend hin= und herläuft
Und schaut des Weges, den ihr Junges ging,
Und kann nichts thun als jammern um ihr Herzblatt,
So jammr' ich um des guten Gloster's Fall
Ach mit hülflosen Thränen, blick' ihm nach
Mit trübem Aug', und kann nichts für ihn thun;
Seine geschwornen Feinde sind zu mächtig.

Ich will sein Los beweinen und mir immer
Vorseufzen: Wer verräth mich? Gloster nimmer!
(Ab.)

Königin.

Mylords,
Der kalte Schnee schmilzt an der heißen Sonne:
Heinrich, mein Gatt', ist kalt in großen Dingen,
Zu voll von blödem Mitleid; Gloster's Schein
Berückt ihn, wie das trauernde Krokodil
Mit Jammer den gerührten Wandrer fängt,
Oder wie unter Blumen eine Schlange,
Mit gleißend buntem Balge, sticht ein Kind,
Das sie der Schönheit halber trefflich wähnt.
Glaubt mir, wenn niemand weiser wär' als ich —
Obschon mich dünkt, mein Witz sei hierin gut —,
Der Gloster würde dieser Welt bald ledig
Und wir der Furcht vor ihm entledigt sein.

Cardinal.

Ja, daß er sterb', ist gute Politik;
Doch braucht man einen Grund für seinen Tod:
Er werde nach Gesetz und Recht verdammt.

Suffolk.

Das, dünkt mich, wäre keine Politik:
Der König wird nur trachten ihn zu retten,
Das Volk vielleicht aufstehn, um ihn zu retten;
Auch haben wir kaum triftigen Beweis,
Blos Argwohn, daß er todeswürdig sei.

York.

So wollt Ihr nicht, nach diesem, daß er sterbe?

Suffolk.

Ah, York, kein Mensch auf Erden wünscht es mehr.

York (bei Seite).

York hat noch bessern Grund für seinen Tod. —
Doch, Mylord Cardinal, und Mylord Suffolk,
Sagt eure Meinung, sprecht wie euch um's Herz ist:
Wär's nicht dasselb', ein hungriger Adler diente
Das Küchlein vor dem gier'gen Weih zu schützen,
Wie Gloster als Protector König Heinrich's?

Königin.

Dem armen Küchlein wär' der Tod gewiß.

####### Suffolk.

Ja, gnäd'ge Frau, und wär' es Wahnsinn nicht,
Den Fuchs zum Hürdenwächter zu bestellen?
Wenn der verklagt wär' als ein schlauer Mörder,
So würd' es seine Schuld nur schwach bemänteln,
Daß er den Vorsatz noch nicht ausgeführt;
Nein, laßt ihn sterben darum, weil er Fuchs ist,
Ein kündg'er Feind der Heerde von Natur,
Noch eh' sein Maul sich färbt von rothem Blut,
Wie Humfrid meines Lehnsherrn künd'ger Feind.
Und fragt nicht viel, wie man ihn tödten soll:
Sei es mit Schlingen, Fallen, Schlauigkeit,
Sei's schlafend oder wachend — alles gleich,
Wenn er nur stirbt; denn das ist guter Trug,
Was den zerstört, der Trug zuerst ersinnt.

####### Königin.

Entschloßne Worte, dreimal edler Suffolk!

####### Suffolk.

Doch nicht entschlossen, wenn es nicht geschieht;
Denn vieles wird gesagt, und nicht gemeint.
Doch daß mein Herz mit meiner Zunge stimmt,
Weil ich die That als lobenswerth erkenne
Und um den Thron vor seinem Feind zu schützen —
Sagt nur das Wort, ich will sein Priester sein.

####### Cardinal.

Ich aber wünsch' ihn todt, Mylord von Suffolk,
Eh' Ihr die Priesterweih' erlangen mögt.
Sagt, daß Ihr beistimmt und die That genehmigt,
Und ich besorge seinen Henkersmann:
So werth ist mir des Königs Sicherheit.

####### Suffolk.

Hier meine Hand! Die That ist thuenswerth.

####### Königin.

Das sag' auch ich.

####### York.

Und ich; und nun wir drei es ausgesprochen,
Liegt wenig dran, wer unser Urtheil anficht.

(Ein Bote tritt auf.)

Dritter Aufzug. Erste Scene.

Bote.

Erlauchte Herrn, von Irland komm' ich eilends,
Zu melden, daß daselbst Rebellen los sind
Und mit dem Schwert die Englischen vertilgen.
Schickt Hülfe, Lords, und hemmt die Wuth beizeiten,
Bevor die Wunde ganz unheilbar wird;
Solang' sie frisch ist, läßt sich Hülfe hoffen.

Cardinal.

Ein Riß, der hurtige Zustopfung heischt.
Was rathet Ihr in diesem wicht'gen Fall?

York.

Daß Somerset entsandt werd' als Regent.
Der hilft euch, dieser glückliche Regierer;
Das Glück bezeugt's, das er in Frankreich hatte.

Somerset.

Wenn York mit aller seiner feinen Staatskunst
Regent gewesen wär' an meiner Statt,
Er wär' in Frankreich nicht so lang' geblieben.

York.

Nein, nicht wie du, bis es verloren war;
Mein Leben hätt' ich zeitig erst verloren,
Statt heimzubringen eine Last von Schmach
Durch Bleiben bis das Land verloren war.
Zeig' auf der Haut nur Eine narb'ge Spur;
So heil geschontes Fleisch siegt selten nur.

Königin.

Sacht! Dieser Funke wird zur Feuersbrunst,
Wenn Wind und Zunder zugetragen wird.
Schweig, guter York! — Freund Somerset, sei still! —
Vielleicht, wärst du Regent gewesen, York,
So hätt'st du schlimmres Glück gehabt als er.

York.

Was, schlimmer als nichts? Dann hol' die Schande alle!

Somerset.

Und unter ihnen dich, der Schande wünscht!

Cardinal.

Mylord von York, versuchet Euer Glück.

Die wilden Kerns von Irland stehn in Waffen
Und mengen Lehm mit Blut der Englischen;
Wollt Ihr nach Irland eine Heerschar führen,
Erlesnes Volk, aus jeder Grafschaft ein'ge,
Und an den Irischen Euer Glück erproben?

York.

Ich will's, wenn Seiner Hoheit so beliebt.

Suffolk.

Ei, unser Auftrag ist des Königs Jawort,
Und was wir angeordnet heißt er gut:
Drum, York, nimm dies Geschäft in deine Hand.

York.

Ich bin's zufrieden. Schafft mir Truppen, Lords,
Dieweil ich meine eignen Sachen ordne.

Suffolk.

Ein Amt, Mylord, das ich wahrnehmen will. —
Doch nun zurück zum falschen Herzog Humfrid.

Cardinal.

Nichts mehr von ihm; ich werd' ihn so behandeln,
Daß er uns ferner nicht behelligen soll.
Und so brecht ab; der Tag ist fast verthan. —
Lord Suffolk, Ihr und ich besprechen noch den Plan.

York.

Mylord von Suffolk, binnen vierzehn Tagen
Gewärtig' ich in Bristol meine Truppen;
Dort nämlich schiff' ich sie nach Irland ein.

Suffolk.

Ich werde pünktlich sein, Mylord von York.

(Alle ab außer York.)

York.

Jetzt oder nie, York, stähl' dein sorgend Herz
Und wandle Kleinmuth in Entschlossenheit;
Sei was du hoffest, oder was du bist
Gib in den Tod — 's ist nicht Genießens werth!
Bleichwangige Furcht verweil' bei niederm Volk
Und finde kein Quartier im Fürstenherzen!
Wie Frühlingsschauer strömen die Gedanken,

Und kein Gedanke, der nicht Hoheit denkt.
Mein Hirn, geschäft'ger als die fleiß'ge Spinne,
Webt rastlos Netz um Netz für meine Feinde.
Gut, edle Herren, gut; ihr handelt klug,
Mit einem Heere mich beiseit zu schicken!
Ich fürcht', ihr wärmt nur die erstarrte Schlange,
Die an der Brust gehegt ins Herz euch sticht.
Mannschaft gebrach mir; ihr verschafft sie mir.
Ich dank' euch; aber wisset, einem Tollen
Gebt ihr die scharfen Waffen in die Hand.
Indeß in Irland ich ein Heer ernähre,
Weck' ich in England einen schwarzen Sturm,
Der bläst zehntausend Seelen in Höll' und Himmel;
Und rasten soll dies böse Wetter nicht,
Eh' nicht der goldne Reif auf meinem Haupt,
Gleichwie der hehren Sonne klare Strahlen
Die Wuth der toll erzeugten Windsbraut stillt.
Und als Gehülfen dieses meines Plans
Verführt' ich einen strudelköpf'gen Kenter,
John Cade aus Ashford,
Aufruhr zu stiften, wie er wohl versteht,
Mit falschem Titel als John Mortimer.
In Irland sah ich diesen störr'gen Cade
Standhalten einer ganzen Rotte Kerns;
Er focht, bis seine Schenkel mit den Pfeilen
Fast aussahn wie ein starrend Stachelschwein;
Und als er dann befreit war, sah ich ihn
Grad aufrecht springen wie ein Mohrentänzer,
Die blut'gen Pfeile schüttelnd, wie der die Glöckchen.
Gar oftmals als verkappter strupp'ger Kern
Hat er Gespräch gepflogen mit dem Feind
Und ist mir unentdeckt zurückgekommen
Und hat mir ihre Büberein gemeldet.
Der Teufel soll hier mein Vertreter sein,
Weil er dem jetzt verstorbnen Mortimer
Von Ansehn, Sprach' und Haltung ähnlich ist.
So merk' ich die Gesinnung der Gemeinen,
Wie sie dem Hauf' und Anspruch York's geneigt sind.
Gesetzt, man fing' ihn, quält' und foltert' ihn,
So weiß ich doch, kein Schmerz preßt' es ihm ab,
Daß ich ihn angereizt zu diesem Kampf.
Gesetzt, es glückt ihm, wie wahrscheinlich ist,
Nun dann mit meiner Macht komm' ich von Irland
Und mäh' die Ernte, die der Schuft gesät.

Denn ist nur Humfrid todt — er wird es sein —
Und Heinrich weggeräumt, wird alles mein.
(Ab.)

Zweite Scene.

Burg. Ein Zimmer im Palast.

Einige **Mörder** treten hastig auf.

Erster Mörder.

Lauf schnell zu Mylord Suffolk; zeig' ihm an,
Daß wir den Herzog nach Befehl befördert.
Zweiter Mörder.

O wär' es ungeschehn! Was haben wir gethan!
Hast je 'nen Mann bußfertiger gehört?
(Suffolk tritt auf.)

Erster Mörder.

Da kommt Mylord.
Suffolk.

Nun, Leute, habt ihr dies besorgt?
Erster Mörder.

Ja, bester Herr, er ist todt.
Suffolk.

Brav, Leute! Geht, begebt euch in mein Haus;
Ich will euch lohnen für die kecke That.
Der König kommt mit allen Pairs hierher.
Habt ihr das Bett hübsch glatt gemacht? Ist alles
In guter Ordnung, wie ich's euch befahl?
Erster Mörder.

Ja, bester Herr.
Suffolk.

Dann geht, macht fort.
(Die Mörder ab.)
(Trompeten. König Heinrich, die Königin, Cardinal Beaufort, Somerset
Lords und andere treten auf.)

König Heinrich.

Geht, ladet unsern Oheim gleich hierher.

Wir wollen Seine Gnaden heut verhören,
Ob seine Schuld ist, wie behauptet wird.
Suffolk.
Ich werd' ihn rufen, mein erlauchter Herr.
(Ab.)
König Heinrich.
Nehmt Platz, Mylords. Ich bitt' euch insgesammt,
Verfahrt nicht schärfer gegen unsern Oheim,
Als er durch wahre, gut berufne Zeugen
Strafbarer Frevel überwiesen wird.
Königin.
Verhüte Gott, daß irgend Bosheit walte,
Die schuldlos einen Pair verdammen mag!
Gott gebe, daß er von Verdacht sich reinigt!
König Heinrich.
Dank, Margareth; dies Wort erfreut mich sehr.
(Suffolk kommt zurück.)
Was ist? Warum so bleich? Was zitterst du?
Wo ist mein Oheim? Was verstört dich, Suffolk?
Suffolk.
Herr, todt in seinem Bett; Gloster ist todt.
Königin.
Nun, da sei Gott vor!
Cardinal.
Die Hand des Herrn! Ich träumte heut, der Herzog
Sei stumm und könne nicht ein Wörtlein sagen.
(Der König fällt in Ohnmacht.)
Königin.
Was macht mein Fürst? — Helft, Lords, der König stirbt!
Somerset.
Richtet ihn auf, und kneipt ihn in die Nase.
Königin.
Lauft! helft! — O Heinrich, schlag die Augen auf!
Suffolk.
Er lebt schon wieder auf. Still, gnäd'ge Frau!

O ew'ger Gott!

König Heinrich.

Königin.

Wie fühlt sich mein Gemahl?

Suffolk.

Muth, mein Monarch! Huldreicher Heinrich, Muth!

König Heinrich.

Was? Herzog Suffolk will mir Muth einsprechen?
Sang er mir eben jetzt ein Rabenlied,
Deß grause Melodie mein Leben lähmte,
Und glaubt er, daß das Zirpen eines Hänflings,
Das „Muth" zuruft aus einer hohlen Brust,
Den erst vernommnen Laut verjagen kann?
Versteck' dein Gift nicht so mit Zuckerworten;
Leg' nicht die Händ' an mich; hörst du? zurück,
Sie schrecken mich wie einer Schlange Stachel!
Du Unheilsbote, fort, mir aus den Augen!
Auf deinen Augenbällen thront der Mord
In grimmer Majestät, der Welt ein Schrecken;
Blick' mich nicht an, denn deine Augen stechen.
Doch nein, geh nicht hinweg; komm, Basilisk,
Und tödte den unschuldigen Betrachter;
Denn nur in Todes Schatten find' ich Glück,
Im Leben zwiefach Tod, nun Gloster todt ist.

Königin.

Was scheltet Ihr Mylord von Suffolk so?
Obwol der Herzog ihm verfeindet war,
Beklagt er dennoch christlich seinen Tod.
Was mich betrifft, so bitter er mich haßte,
Wenn Thränenström' und herzbeklemmend Stöhnen
Und blutverzehrende Seufzer ihn erwedten,
Blind wollt' ich sein von Weinen, krank von Stöhnen,
Bleich wie die Primel von bluttrinkenden Seufzern,
Um Gloster nur vom Tod erweckt zu sehn.
Was weiß ich, wie die Welt urtheilt von mir?
Sie weiß, daß wir nur hohle Freunde waren;
Man glaubt vielleicht, ich hab' ihn weggeräumt:
So wird Verleumdung meinen Ruf verwunden,
Und Fürstenhöf' erfüllt dann meine Schmach.
Das bringt sein Tod mir ein. Weh mir Unsel'gen!
Königin sein, und so gekrönt mit Schande!

Dritter Aufzug. Zweite Scene.

König Heinrich.
Ach armer Gloster! Unglücksel'ger Mann!

Königin.
Ruf Ach um mich; ich bin unseliger!
Wie, wendest du dich ab und birgst dein Antlitz?
Ich starre nicht von Aussatz, blick' mich an.
Was, bist du wie die Natter taub geworden?
Dann sei auch giftig, stich dein armes Weib.
Liegt all dein Trost in Gloster's Grab verschlossen?
O, dann war Margaretha nie dein Glück;
Stell' seine Statue auf und bet' ihn an
Und mache mein Bild nur zum Bierhausschilde.
Deshalb wär' ich auf See beinah gescheitert?
Deshalb trieb zweimal mich der Sturm von England
Zurück an meinen heimatlichen Strand?
Was hieß das, als daß warnend mir der Wind
Zu sagen schien: „Such' kein Skorpionennest,
Setz' nicht den Fuß an dies lieblose Land!"
Da flucht' ich auf die milden Stürm' und ihn,
Der sie gelöst aus ihren ehr'nen Grotten,
Und hieß sie wehn nach Englands theuren Küsten,
Oder das Schiff auf wüste Klippen werfen.
Doch Aeolus wollte nicht ein Mörder sein;
Er überließ dir dies verhaßte Amt:
Nicht wollte mich die tanzende See ertränken,
Wohl wissend, daß du mich ertränken würdest
In Thränen, bitter wie die salze See.
Die scharfen Klippen duckten sich im Sande,
Um nicht an rauher Brust mich zu zerschmettern,
Damit dein Steinherz, härter noch als sie,
In deinem Schlosse Margareth zerstöre.
So weit ich deinen Kreidestrand erkannte,
Als uns vom Ufer weg das Wetter trieb,
Stand ich im Sturmwind oben auf dem Deck;
Und als die dunkle Luft anfing dein Land
Dem emsig späh'nden Blicke zu entziehn,
Nahm ich vom Hals ein köstliches Juwel —
Es war ein Herz, gefaßt in Diamanten —
Und warf's dem Lande zu; die See empfing es:
So, wünscht' ich, solltest du mein Herz empfangen;
Und dann verlor ich Englands holden Anblick,
Und hieß die Augen mit dem Herzen wandern,
Und schalt sie blinde trübe Brillengläser,

Weil ihnen der ersehnte Strand entging.
Wie viele male reizt' ich Suffolk's Zunge,
Die Botin deines argen Wankelmuths,
Mich zu bezaubern, wie Ascanius that,
Als er der rasenden Dido meldete
Von Trojas Brand und seines Vaters Thaten!
Bin ich nicht toll wie sie? Bist du nicht falsch wie er?
O weh! Ich kann nicht mehr! Stirb, Margaretha,
Denn Heinrich weint, weil du so lange lebst.
(Lärm draußen. Warwick und Salisbury treten auf. Die Gemeinen drängen
sich an die Thür.)

Warwick.

Es gehn Gerüchte, mächt'ger Souverän,
Der gute Herzog Humfried sei ermordet
Durch Suffolk's und des Cardinals Verrath.
Das Volk, wie ein erzürnter Bienenschwarm,
Der seinen Führer mißt, irrt hin und her
Und fragt nicht, wen es sticht, um ihn zu rächen.
Ich selbst hab' ihren grimm'gen Lärm beschwichtigt,
Bis sie den Hergang seines Todes hören.

König Heinrich.

Sein Tod ist nur zu wahr, mein lieber Warwick;
Doch wie er starb — Gott weiß es, Heinrich nicht.
Geht in sein Zimmer, schaut den Leichnam an,
Und dann erklärt Euch seinen jähen Tod.

Warwick.

Das will ich thun, mein Fürst. — Bleib, Salisbury,
Bis ich zurück bin, bei der wilden Menge.
(Warwick geht in ein inneres Zimmer, Salisbury zieht sich zurück.)

König Heinrich.

Du Richter aller, nimm mir die Gedanken,
Gedanken, die sich mühn mir einzureden,
Daß blut'ge Hand an Humfrid ward gelegt!
Ist mein Verdacht ein Trug, verzeih mir, Gott;
Denn dir allein gebühret das Gericht.
Wie gern erwärmt' ich seine bleichen Lippen
Mit zwanzigtausend Küssen und ergöße
Aufs Antlitz ihm ein Meer von salz'gen Thränen
Als Liebesgruß dem stummen, tauben Rumpf
Und fühlt' in meiner Hand die todten Hände!
Doch allumsonst wär' diese Leichenfeier;

Dritter Aufzug. Zweite Scene.

Und so sein leblos, erdig Bild beschaun,
Was wär' es, als mein Leid nur größer machen?
(Die Flügelthür eines innern Zimmers wird geöffnet und man sieht Gloster todt in
seinem Bette; Warwick und andere stehen daneben.)

Warwick.
Kommt her, mein gnäd'ger Fürst, seht diese Leiche.

König Heinrich.
Das heißt zusehn, wie tief mein Grab gemacht ist:
Denn all mein irdischer Trost entfloh mit ihm;
Ihn sehend seh' ich nur mein Leben todt.

Warwick.
Wie ich bei dem erhabnen König einst
Zu leben hoffe, der im Fleisch erschien,
Um uns von seines Vaters Fluch zu lösen:
So glaub' ich, daß gewaltsam Hand gelegt ward
Ans Leben dieses hochberühmten Herzogs.

Suffolk.
Ein grauf'ger Eid und feierlich geschworen!
Wie stützt Lord Warwick diesen seinen Schwur?

Warwick.
Seht, wie das Blut feststeht in seinem Antlitz!
Oft sah ich einen friedlich Abgeschiednen
Aschfarben, hager, bleich und ohne Blut,
Das all ans bange Herz hinunterstieg,
Als welches, wann es mit dem Tode kämpft,
Das Blut herbeiruft wider seinen Feind,
Das mit dem Herzen dort kalt wird und nie
Zurückkehrt um die Wangen hold zu röthen;
Doch seht, sein Antlitz ist voll Blut und schwarz,
Die Augen mehr heraus als da er lebte,
Stier, geisterhaft wie ein erwürgter Mann,
Das Haar gesträubt, die Nüstern weit vom Ringen,
Die Hände ausgespreizt wie einer, der
Ums Leben zerrt' und griff und dann erlag.
Schaut auf das Bettzeug, seht, da klebt sein Haar;
Sein wohlgestalter Bart zerzaust und rauh
Wie Sommerkorn, wann Sturm es niederlegt.
Es kann nicht anders sein, er ward ermordet;
Das kleinste dieser Zeichen wär' Beweis.

Suffolk.
Wer sollte wol den Herzog tödten, Warwick?

Ich selbst und Beaufort hatten ihn in Obhut,
Und wir, das hoff' ich, Herr, sind keine Mörder.

Warwick.

Doch wart ihr zwei geschworne Feinde Humfrid's,
Und ihr bewachtet, ja, den guten Herrn;
Ihr habt ihn schwerlich hier als Freund bewirthet,
Und wie wir sehen, fand er einen Feind.

Königin.

Es scheint, Ihr argwöhnt, daß die hohen Lords
Schuld seien an des Herzogs jähem Tode.

Warwick.

Wer sieht den Farren todt und noch frisch blutend
Und dicht dabei den Metzger mit dem Beil,
Daß er nicht argwöhnt, der hab' ihn geschlachtet?
Wer trifft das Rebhuhn in des Habichts Nest,
Daß er nicht muthmaßt wie der Vogel starb,
Flög' auch der Weih selbst ohne Blut am Schnabel?
Ganz so verdächtig ist dies Trauerspiel.

Königin.

Ist Suffolk Metzger hier — wo ist sein Messer?
Heißt Beaufort Habicht — wo sind seine Fänge?

Suffolk.

Ich fuhr kein Messer Schlafende zu schlachten,
Doch hier ein rächend Schwert, von Ruhe rostig,
Das will ich dem im gift'gen Herzen scheuern,
Der mich beschimpft mit Mordes rothem Mal.
Sag', stolzer Lord von Warwick, wenn du's wagst,
Daß ich schuld sei an Herzog Humfrid's Tod.

(Der Cardinal, Somerset und andere ab.)

Warwick.

Was wagte Warwick nicht, wenn Suffolk fordert?

Königin.

Er wagt nicht seine Schmähsucht zu bezähmen,
Noch abzustehn von frecher Mäkelei,
Ob Suffolk tausendmal ihn fordern mag.

Warwick.

Schweigt, gnädge Frau, ich bitt' Euch ehrerbietig;

Dritter Aufzug. Zweite Scene.

Denn jedes Wort, das Ihr ausspecht für ihn,
Ist Schimpf für Euren königlichen Rang.

Suffolk.

Du Lord mit stumpfem Witz und grober Sitte!
Wenn eine Edelfrau je so gefehlt,
Nahm deine Mutter in ihr sündlich Bett
'nen Bauertölpel, und auf edlen Stamm
Ward wildes Holz geimpft, deß Frucht du bist
Und nimmer von der Nevils edlem Blut.

Warwick.

Beschirmte dich die Schuld des Mordes nicht,
Und raubt' ich nicht dem Henker seinen Sold,
Dir tausendfachen Schimpf dadurch ersparend,
Und machte nicht des Königs Näh' mich milde:
Du solltest auf den Knien, mordfalsche Memme,
Für diese Reden um Verzeihung flehn
Und sagen, daß du deine Mutter meintest,
Daß du im Bankertstand geboren seist;
Nach solcher bangen Huldigung ertheilt' ich
Dir deinen Lohn und schickte dich zur Hölle,
Blutsaugender Verderber Schlafender!

Suffolk.

Dein Blut will ich vergießen, wann du wachst,
Wofern du wagst mit mir hinauszugehn!

Warwick.

Jetzt gleich hinaus; sonst schleif' ich dich hinweg!
Unwürdig wie du bist, besteh' ich dich
Und thu' dem Geiste Humfrid's ein'gen Dienst.

(Suffolk und Warwick ab.)

König Heinrich.

Kein stärkrer Harnisch als ein lautres Herz:
Dreifach gewaffnet ist der fromme Streiter,
Und nackt ist, wär' er gleich in Stahl geschnürt,
Wem Ungerechtigkeit das Herz verpestet.

(Lärm draußen.)

Königin.

Was für ein Lärm?

(Suffolk und Warwick kommen mit gezogenen Degen zurück.)

König Heinrich.

Wie, Lords? Entblößt ihr eure zorn'gen Schwerter
In unsrer Gegenwart? Seid ihr so keck? —
Was für Tumult und Schreien gibt es hier?

Suffolk.

Der falsche Warwick, und das Volk von Bury,
Stürmt alles auf mich ein, erhabner Fürst.

(Lärm eines Volkshaufens draußen. Salisbury kommt zurück.)

Salisbury.

Zurück, ihr Leut'! Ich will's dem König sagen. —
Gestrenger Herr, das Volk thut kund durch mich:
Falls nicht Lord Suffolk gleich gerichtet wird
Oder verbannt aus Englands schönem Reich,
So will man ihn aus Eurem Schlosse reißen
Und ihn mit langsam schwerem Tode foltern.
Sie sagen, durch ihn starb der gute Herzog;
Sie sagen, er sei Eurer Hoheit Tod;
Und nur im Drang der Lieb' und treuen Eifers,
Ganz frei von trotzig feindlichen Gedanken,
Als ob sie Eurem Willen widersprächen,
Erdreisten sie sich so um seinen Bann.
Voll Sorg' um ihren König, sagen sie,
Daß, wenn Ihr schlafen möchtet und beföhlet,
Daß niemand Eure Ruhe stören solle
Bei Eurer Ungnad' oder Todesstrafe,
Doch, ungeachtet solches Strafgebots,
Wenn eine Schlange mit gespaltner Zunge
Zu Eurer Majestät verstohlen kröche,
Daß dann doch nöthig wär' Euch aufzuwecken,
Damit nicht während so nachtheil'gen Schlummers
Der gift'ge Wurm den Schlaf zum ew'gen mache.
Und darum schrein sie, ob Ihr's auch verpönt,
Sie woll'n Euch hüten, ob Ihr wollt, ob nicht,
Vor bösen Schlangen wie der falsche Suffolk,
Durch dessen unheilvollen gift'gen Stachel
Eu'r lieber Ohm, der zwanzigmal ihn aufwog,
Schmachvoll, so sagen sie, um's Leben kam.

Volk (draußen).

Bescheid vom Könige, Mylord von Salisbury!

Suffolk.

Sehr glaublich, daß das Volk, ein roher Haufe,

Solch eine Botschaft seinem König schickt;
Doch Ihr, Mylord, ließt Euch sehr gern verwenden,
Um darzuthun, wie fein Ihr reden könnt.
Doch alle Ehr', die Salisbury gewann,
Ist, daß er Lord Botschafter einer Rotte
Von Kesselflickern an den König war.

Volk (draußen).

Bescheid vom Könige; sonst brechen wir herein!

König Heinrich.

Geht, Salisbury, und sagt dem Volk von mir,
Ich dankte ihnen für die Sorg' und Liebe,
Und wär' ich auch von ihnen nicht gemahnt,
So hätt' ich doch beschlossen, was sie flehn;
Denn wahrlich, meine Ahnung weissagt stündlich
Unheil für meinen Thron durch Suffolk's Hand.
Deshalb, ich schwör's bei dessen Majestät,
Deß Stellvertreter ich unwürdig bin,
Daß nur drei Tag' er noch in diese Luft
Ansteckung athmen soll — bei Todesstrafe.

(Salisbury ab.)

Königin.

O laß mich für den holden Suffolk flehn!

König Heinrich.

Unholde Frau, den Suffolk hold zu nennen!
Nichts weiter! sag' ich; wenn du flehst für ihn,
So wirst du nur vermehren meinen Zorn.
Hätt' ich es blos gesagt, ich hielte Wort;
Doch wann ich schwöre, ist's unwiderruflich. —
Wenn du betroffen wirst nach dreien Tagen
An einer Stätte, wo ich Herrscher bin,
So kaufst du für die Welt dich nicht mehr los. —
Kommt, Warwick, guter Warwick, geht mit mir;
Ich hab' Euch wicht'ge Dinge zu vertraun.

(König Heinrich, Warwick, Lords und andere ab.)

Königin.

Unheil und Kummer folg' euch auf dem Fuß!
Euch sollen Herzeleid und bittre Trübsal
Gespielen sein und euch Gesellschaft leisten!
Zwei seid ihr jetzt; der Teufel sei der dritte!
Und euren Pfad bedräu' dreifache Rache!

Suffolk.

Halt inne, holde Königin, mit Fluchen!
Laß deinen Suffolk traurig Abschied nehmen.

Königin.

Pfui, Memme! Weib! Weichherziges Geschöpf!
Hast du den Muth nicht, deinem Feind zu fluchen?

Suffolk.

Pest über sie! Was soll ich ihnen fluchen?
Wenn Fluchen tödtete wie Alraunenschrei,
So wollt' ich Wort' erfinden, bitter, bohrend,
So wild, verrucht und greulich anzuhören,
Und stieße sie durch die geknirschten Zähne
Mit so viel Zeichen mörderischen Hasses
Wie hagrer Neid in seiner graus'gen Höhle;
Die Zunge sollt' in heft'ger Rede straucheln,
Die Augen Funken sprühn wie Feuerstein,
Mein Haar wie eines Rasenden sich sträuben,
Ja, jedes Glied aussehn als fluch' es mit.
Und eben jetzt bräch' mein belastet Herz,
Wenn ich nicht fluchte. Gift sei ihr Getränk!
Galle, schlimmer als Gall' ihr süßestes Mahl!
Ihr bester Schatten ein Cypressenwald!
Ihr täglich Anschaun grimme Basilisken!
Ihr weichstes Fühlen wie Eidechsenstachel!
Ihre Musik graunhaft wie Schlangenzischen,
Begleitet von der Eulen Unglücksschrei!
Die schwarze Höll' und ihre ärgsten Schrecken...

Königin.

Genug; mein theurer Lord! Du quälst dich selbst;
Und dieses Fluchen, wie die Sonn' im Spiegel,
Wie überladne Büchsen, prallt zurück
Und wendet seine Stärke wider dich.

Suffolk.

Ihr hießt mich fluchen, und Ihr heißt mich schweigen?
Bei diesem Boden, den ich meiden soll,
Leicht könnt' ich eine Winternacht durchfluchen,
Stünd' ich schon nackt auf einem hohen Berg,
Wo scharfer Frost kein Gras gedeihen läßt,
Und hielt' es für die Kurzweil von Minuten.

Königin.

Laß dich erflehn, halt ein! Gib mir die Hand,
Sie zu bethaun mit meinen bittern Thränen;
Des Himmels Regen netze nie die Stelle,
Um meines Grams Denkmale wegzuwaschen!
O, prägte sich mein Kuß in deine Hand,
Daß bei dem Siegel du an diese dächtest,
Durch die ich tausend Seufzer hauch' um dich!
Geh fort, damit ich meinen Schmerz erkenne;
Ich ahn' ihn nur, solang' du bei mir stehst,
Gleichwie ein Satter, der an Mangel denkt.
Ich will zurück dich rufen, oder, traun,
Mich unterfangen selbst verbannt zu werden;
Verbannt bin ich ja doch, wenn fern von dir.
Geh, rede nicht zu mir; jetzt gleich geh fort! —
O geh noch nicht! Ganz so umarmen sich
Zwei todgeweihte Freund' und küssen sich
Und sagen tausendmal sich Lebewohl,
Vor Trennung hundertmal so bang als Sterben.
Und doch — ade! Ade mit dir mein Leben!

Suffolk.

Der arme Suffolk wird zehnmal verbannt:
Einmal vom König, dreimal drei von dir.
Mich kümmert nicht das Land, wärst du nicht drin;
Für Suffolk wär' auch eine Wüste volkreich,
Wo deine himmlische Gesellschaft wär';
Denn da wo du bist, ist die ganze Welt
Mit jeglicher besondern Lust der Welt,
Und wo du nicht bist, öde Einsamkeit.
Ich kann nicht mehr. Du lebe, froh des Lebens,
Ich — froh nur noch in Einem, daß du lebst.

(Vaux tritt auf.)

Königin.

Wohin so eilig, Vaux? Was gibt es denn?

Vaux.

Ich habe Seiner Majestät zu melden,
Daß Cardinal Beaufort schon im Sterben liegt;
Denn plötzlich überfiel ihn schwere Krankheit,
Davon er keucht und stiert und schnappt nach Luft,
Gott lästernd und den Menschenkindern fluchend.
Bald spricht er als ob Herzog Humfrid's Geist

Zur Seit' ihm stände; bald ruft er den König
Und flüstert mit dem Kissen wie mit ihm,
Geheimnisse der schwerbeladnen Seele.
Ich soll zu Seiner Majestät und sagen,
Daß er gerade jetzt laut schreit nach ihm.

Königin.

Geh, bring dem König diese schlimme Botschaft.
(Baux ab.)
Weh mir! Was ist die Welt! Welch neuer Schreck! —
Doch wozu klag' ich um so flücht'gen Schmerz,
Suffolk vergessend, meines Herzens Kleinod?
Warum nicht, Suffolk, traur' ich blos um dich,
Wetteifernd mit dem Südgewölk in Thränen,
Mein Leid befruchtend wie der Süd das Feld?
Nun mach' dich fort: du weißt, der König kommt;
Betrifft er dich bei mir, bist du des Todes.

Suffolk.

Wenn ich dich meiden soll, kann ich nicht leben;
Und sterben neben dir, was wär' es anders
Als wie ein süßer Schlaf in deinem Schoß?
Hier könnt' ich in die Luft die Seele hauchen
So sanft und leise wie das Wiegenkind,
Das hinstirbt mit der Mutter Brust im Munde;
Wogegen fern von dir ich rasen würde
Und schrein nach dir: drück' mir die Augen zu
Und schließ mit deinen Lippen meinen Mund!
So hieltest du die flieh'nde Seele fest,
Oder ich hauchte sie in deinen Leib,
Und dann empfinge sie Elysium.
Stürb' ich bei dir, so stürb' ich nur im Scherz;
Sterb' ich entfernt, die Qual geht über Tod.
O laß mich bleiben, komme was da will!

Königin.

Fort! Trennung ist ein quälend Corrosiv,
Doch hilft es wider eine Todeswunde.
Nach Frankreich, Lieber! Laß mich von dir hören;
Wo du auch sein magst auf dem Erdenball,
Ich habe stets die Iris, die dich findet.

Suffolk.

Ich geh'.

Dritter Aufzug. Dritte Scene.

Königin.
Und nimm mein Herz mit dir.
Suffolk.
Ein Kleinod in dem traurigsten Gefäß,
Das je ein köstlich Ding umschlossen hat.
Wie ein geborstnes Schiff so scheiden wir:
Ich sinke hier zum Tod hinab —
Königin.
Ich hier.
(Sie gehen ab nach verschiedenen Seiten.)

Dritte Scene.
London. Cardinal Beaufort's Schlafzimmer.

König Heinrich, Salisbury, Warwick und andere treten auf.
Cardinal Beaufort liegt im Bette, Diener um ihn her.

König Heinrich.
Wie geht's, Mylord? Beaufort, dein König fragt.
Cardinal.
Bist du der Tod? Ich geb' dir Englands Schatz,
Genug ein Eiland noch wie dies zu kaufen,
So du mich leben lässest — ohne Pein.
König Heinrich.
Ach, welch ein Zeichen bösen Lebens ist es,
Wenn man des Todes Nahn so schrecklich sieht!
Warwick.
Beaufort, dein König ist's, der mit dir spricht.
Cardinal.
Stellt mich vor meine Richter, wann ihr wollt. —
Starb er denn nicht im Bett? Wo sollt' er sterben?
Kann ich ihn mit Gewalt lebendig machen? —
O, foltert mich nicht mehr, ich will bekennen! —
Wieder lebendig? Zeigt mir, wo er ist,
Ich gebe tausend Pfund, um ihn zu sehn. —
Er hat keine Augen, sie sind blind vom Staub.

Kämmt ihm das Haar herab! Seht, seht, es sträubt sich,
Die Haare stehn empor Leimruthen gleich,
Die Flügel meiner Seele dran zu fangen! —
Gebt mir zu trinken; und der Apotheker,
Soll gleich das Gift herbringen, das ich kaufte.

König Heinrich.

O du allmächt'ger Lenker der Gestirne,
Wirf einen Gnadenblick auf diesen Wurm!
Vertreib den frechen und geschäft'gen Teufel,
Der dieses Aermsten Seele stark berennt,
Befrei' sein Herz von dieser schwarzen Angst!

Warwick.

Seht, wie die Todespein ihn grinsen macht.

Salisbury.

Man stör' ihn nicht, er fahr' in Frieden hin.

König Heinrich.

Friede mit seiner Seele, wenn Gott will! —
Lord Cardinal, wenn du an Gnade denkst,
So heb die Hand zum Zeichen deiner Hoffnung. —
Er stirbt und macht kein Zeichen. Gott vergeb' ihm!

Warwick.

Solch übler Tod verräth ein scheußlich Leben.

König Heinrich.

Nein, richte nicht, denn wir sind alle Sünder. —
Drückt ihm die Augen zu und schließt den Vorhang,
Und laßt uns alle der Betrachtung pflegen.

(Alle ab.)

Vierter Aufzug.

Erste Scene.

Kent. Der Strand bei Dover.

Man hört zur See feuern. Dann kommen aus einem Boot ein
Schiffskapitän, ein Schiffer, ein Steuermann, Seyfart Wittmer und andere Korsaren; mit ihnen Suffolk in Verkleidung und
andere Edelleute als Gefangene.

Kapitän.
Der bunte, plappermäul'ge, fromme Tag
Hat sich verkrochen in den Schoß der See,
Und heulende Wölfe wecken jetzt die Klepper
Am Karren der trübsel'gen düstern Nacht;
Die streifen nun mit trägen, schlaffen Flügeln
Der Todten Gräber, und ihr dunst'ger Rachen
Haucht seuchenschwangres Dunkel in die Luft.
Drum führt das Volk von unsrer Prise vor;
Indessen die Pinaff' am Strande ankert,
Soll'n sie sich hier auslösen auf dem Sand,
Oder den bleichen Kies mit Blut beflecken. —
Hier, Schiffer, den Gefangnen schenk' ich dir. —
Du, Steuermann, mach' diesen dir zu Nutz. —
Der andre, Seyfart Wittmer, ist für dich.
(Auf Suffolk zeigend.)

Erster Edelmann.
Nun, Schiffer, sagt, was ist mein Lösegeld?

Schiffer.
Eintausend Kronen, oder Euer Kopf.

Steuermann.
Das gleiche zahlt Ihr mir, sonst fliegt der Eure.

Kapitän.

Was, dünken euch zweitausend Kronen viel,
Und nennt und habt euch doch wie Edelleute? —
Köpft mir das Lumpenvolk! — Denn sterben sollt Ihr:
Das Leben unsrer eingebüßten Leute
Wög' eine so armsel'ge Summe auf?

Erster Edelmann.

Ich will sie zahlen, Herr; drum schont mein Leben.

Zweiter Edelmann.

Ich auch; ich schreibe gleich darum nach Haus.

Wittmer (zu Suffolk).

Ich büßt' ein Aug' ein, als wir enterten,
Und um es nun zu rächen, sollst du sterben;
Und ging's nach mir, so sollten's diese auch.

Kapitän.

Sei nicht so rasch; nimm Lösgeld, laß ihn leben.

Suffolk.

Sieh meinen Georg; ich bin ein Edelmann.
Schätz' mich so hoch du willst, ich zahl' es dir.

Wittmer.

Das bin auch ich; mein Nam' ist Seyfart Wittmer.
Nun? Warum zuckst du? Was? Schreckt dich der Tod?

Suffolk.

Mich schreckt dein Nam', in seinem Klang ist Tod.
Mir stellt' ein weiser Mann das Horoskop
Und sagte mir, durch Seefahrt käm' ich um.
Doch dieses darf dich nicht blutdürstig stimmen;
Dein Nam' ist Siegfried, wenn man richtig spricht.

Wittmer.

Ob Siegfried oder Seyfart, mir ist's gleich.
Unehr' hat unsern Namen nie beschmutzt,
Daß unser Schwert den Fleck nicht weggewischt;
Drum wenn ich Krämern gleich mit Rache handle,
Zerbrecht mein Schwert, zerreißt mein Wappenschild,
Und ruft mich aus als Memm' in aller Welt!

(Er ergreift Suffolk.)

Vierter Aufzug. Erste Scene.

Suffolk.

Halt, Wittmer! Dein Gefangner ist ein Prinz,
Herzog von Suffolk, William de la Poole.

Wittmer.

Der Herzog Suffolk eingemummt in Lumpen?

Suffolk.

Ja; doch die Lumpen sind kein Theil vom Herzog.
Hat Jupiter sich nicht verlarvt wie ich?

Kapitän.

Doch Jupiter ward nie geköpft wie du.

Suffolk.

Gemeiner Bauer! König Heinrich's Blut,
Das ehrenwerthe Blut der Lancaster,
Darf solch ein räub'ger Stallknecht nicht vergießen.
Gabst du nicht Kußhand, hieltest mir den Bügel,
Liefst barhaupt neben meines Gauls Schabracken
Und fühltest dich beglückt, wenn ich dir nickte?
Wie oft hast du beim Becher mich bedient,
Den Abhub aufgezehrt, am Tisch gekniet,
Wann ich mit Königin Margaretha schmauste:
Bedenke das, und ducken mag es dich
Und dämpfen deinen unfruchtbaren Stolz.
Wie standest du in unserm Vorgemach
Und harrtest dienstergeben bis ich kam!
Hier diese Hand schrieb einst zu deinen Gunsten
Und soll darum dein loses Maul bezähmen.

Wittmer.

Sagt, Kapitän, ersteck' ich den Halunken?

Kapitän.

Erst stech' ich ihn mit Worten, wie er mich.

Suffolk.

Sklav, deine Worte sind so stumpf wie du.

Kapitän.

Führt ihn hinweg, und neben unserm Langboot
Schlagt ihm den Kopf ab.

                    Suffolk.
            Wagst du deinen dran?
                    Kapitän.
Ja, Poole.
                    Suffolk.
Poole?
                    Kapitän.
Poole! Sir Poole! Lord!
Ja, Pfuhl, Kloake, Pfütze, deren Dreck
Die Silberquelle trübt, wo England trinkt!
Jetzt werd' ich dies dein gähnend Maul verstopfen,
Das dieses Reiches Schatz verschlucken wollte;
Dein Mund, der Margaretha küßte, schleif' im Staub,
Und du, der Herzog Humfrid's Tod belächelt,
Sollst nun umsonst fühllose Wind' angrinsen,
Die höhnisch wieder dich auszischen werden;
Den Höllenhexen sei du angetraut,
Weil du für einen hohen mächt'gen Herrn
Die Tochter eines Bettlerkönigs freitest,
Der weder Volk noch Gold noch Krone hat.
Durch Teufels Politik bist du gestiegen
Und soffst dich, wie der gier'ge Sulla, voll
Am blut'gen Herzen deiner eignen Mutter.
Anjou und Maine hast du verkauft an Frankreich,
Durch dich verschmähn die tückischen Normannen,
Uns Herrn zu nennen, und die Picardie
Bracht' ihre Hauptleut' um, brach unsre Festen
Und schickte wund, zerlumpt die Truppen heim.
Der hohe Warwick und die Nevils alle,
Die nie ihr furchtbar Schwert vergebens ziehn,
Weil dich sie hassen, stehn in Waffen auf.
Und auch das Haus von York, vom Thron verdrängt
Durch eines wackern Königs schnöden Mord
Und freche, räuberische Tyrannei,
Von Rachefeuer brennt's; sein Hoffnungsbanner
Führt unsre halbe Sonne, die sich durchkämpft,
Und drunter steht: Invitis nubibus.
In Kent sind die Gemeinen aufgestanden;
Und, daß ich schließe, Schimpf und Bettlerarmuth
Hat sich in unsres Königs Schloß geschlichen,
Und alles das durch dich. — Fort! schafft ihn weg!
                    Suffolk.
O wär' ich doch ein Gott, der Donner zückte

Auf diese schlechten, niedern, schmuz'gen Knechte!
Klein Ding macht Pöbel stolz: hier dieser Lump,
Weil er ein Boot befehligt, drohet mehr
Als Bargulus, Illyriens starker Räuber.
Die Drohne saugt kein Adlerblut, sie nascht
Vom Bienenstock; unmöglich, daß ich stürbe
Durch einen niedern Dienstmann wie du bist.
Dein Reden weckt nur Wuth, nicht Reu in mir.
Ich geh' nach Frankreich für die Königin;
Ich sag' dir, schaff' mich sicher übers Meer!

Kapitän.

Seyfart!

Wittmer.

Komm, Suffolk, in dein Grab muß ich dich schaffen.

Suffolk.

Pene gelidus timor occupat artus.
Dich fürcht' ich.

Wittmer.

Ich geb' dir Grund zur Furcht, eh' wir uns trennen!
Was, bist du zahm geworden? buckst dich jetzt?

Erster Edelmann.

Mein gnäd'ger Herzog, gebt ihm gute Worte.

Suffolk.

Des Suffolk Herrscherzung' ist streng und rauh,
Gewohnt zu fordern, ungeübt im Flehn.
Fern sei es, solches Volk mit Bittgesuchen
Zu ehren; nein, eh' bücke sich mein Kopf
Zum Block, eh' sich mein Knie vor jemand beugt
Außer vor Gott im Himmel und dem König,
Und tanz' auf einer blut'gen Stange lieber,
Als daß er sich entblößt vor diesem Knecht.
Der echte Adel weiß von keiner Furcht;
Mehr kann ich tragen, als ihr wagt zu thun.

Kapitän.

Schleppt ihn hinweg, und laßt ihn nicht mehr schwätzen.

Suffolk.

Kommt, zeigt, was ihr von Grausamkeit versteht,
Auf daß mein Tod niemals vergessen werde.

Oft stirbt ein großer Mann durch schlechte Strolche:
Ein röm'scher Fechter und Bandit erschlug
Den holden Tullius; Brutus' Bastardhand
Erdolchte Cäsar; wildes Inselvolk
Den großen Pompejus; Suffolk stirbt durch Räuber.

(Suffolk mit Wittmer und andern ab.)

Kaplan.

Was diese angeht, die sich freigelöst,
So mag von ihnen einer uns verlassen;
Ihr also kommt mit uns, und der mag gehen.

(Alle ab außer der erste Edelmann.)
(Wittmer kommt zurück mit Suffolk's Leiche.)

Wittmer.

Da lieg' sein Kopf und der entseelte Rumpf,
Bis ihn die Königin, sein Schatz, begräbt.

(Ab.)

Erster Edelmann.

O ein barbarisches und blut'ges Schauspiel!
Die Leiche will ich mit zum König nehmen;
Rächt der sie nicht, so thun es seine Freunde,
So thut's die Königin, die ihn geliebt.

(Ab mit Suffolk's Leiche.)

Zweite Scene.

Blackheath.

Georg Bevis und Johann Holland treten auf.

Georg.

Komm und schaff dir 'nen Degen an, wenn auch blos von Holz; sie sind schon seit vorgestern aufgestanden.

Johann.

Dann thut ihnen jetzt schlafen um so mehr noth.

Georg.

Ich sag' dir, Hans Cade der Tuchscherer will den Staat neu appretiren und ihn wenden und wieder aufbügeln.

Vierter Aufzug. Zweite Scene. 79

Johann.

Das war auch groß nöthig, denn er ist schäbig. Soviel ist gewiß, mit dem lustigen Leben ist es alle gewesen in England, seitdem die Edelleute aufgekommen sind.

Georg.

Erbärmliche Zeiten! Tugend wird an Handwerksleuten für nichts estimirt.

Johann.

Der Adel hält's für Schande ein Schurzfell zu tragen.

Georg.

Was noch mehr ist: des Königs Räthe machen schlechte Arbeit.

Johann.

So ist es, und es heißt doch: Arbeite in deinem Beruf! was soviel sagen will als: die Obrigkeiten sollen Arbeitsleute sein; und also sollten wir Obrigkeiten sein.

Georg.

Richtig, Mann; denn es gibt kein besser Zeichen eines braven Herzens als eine harte Hand.

Johann.

Ich seh' sie, ich seh' sie! Da ist Best' sein Sohn, der Gerber von Wingham.

Georg.

Er soll das Fell von unsern Feinden kriegen, Hundsleder draus zu machen.

Johann.

Und Märten der Metzger.

Georg.

Na, da wird die Sünde niedergeschlagen wie 'n Ochs und die Gottlosigkeit abgestochen wie 'n Kalb.

Johann.

Und Smith der Weber.

Georg.

Argo, ihr Lebensfaden ist abgesponnen.

Johann.

Komm, komm; wir wollen uns zu ihnen schlagen.

(Trommeln. Cade, Märten der Metzger, Smith der Weber und ein großer Volkshaufe kommen.)

Cade.

Wir, John Cade, so benamst nach unserm vermeintlichen Vater, weil unsere Feinde vor uns fallen sollen; getrieben von dem Geiste, Könige und Fürsten zu stürzen — Befehlt Ruhe.

Märten.

Ruhig!

Cade.

Mein Vater war ein Mortimer —

Märten (bei Seite).

Er war 'n ehrlicher Kerl und ein guter Mauermann.

Cade.

Meine Mutter eine Plantagenet —

Märten (bei Seite).

Hab' sie wohl gekannt: sie war Hebamme.

Cade.

Meine Frau stammt aus dem Geschlechte der Spencer —

Märten (bei Seite).

Sie ist 'ne Hausirerstochter; da mag sie auch Spenzer verkauft haben.

Smith (bei Seite).

Aber jetzt, seit sie nicht mehr recht marschiren kann mit ihrem Ränzel, wäscht sie hier für Geld.

Cade.

Folglich bin ich aus einem ehrenwerthen Hause —

Märten (bei Seite.)

Ja, meiner Treu, das freie Feld ist aller Ehren werth, und da ist er geboren, hinter einem Zaun; denn sein Vater hat nie ein Haus gehabt ausgenommen das Hundeloch.

Cade.

Muth hab' ich —

Smith (bei Seite).

Er muß wol; zum Betteln gehört Muth. —

Cade.

Und kann viel aushalten —

Märten (bei Seite).

Das ist keine Frage. Ich habe gesehn, daß er drei Markttage hintereinanderweg ausgepeitscht wurde.

Cade.

Ich fürcht' mich weder vor Feuer noch Schwert —

Smith (bei Seite).

Vor dem Schwert braucht er sich nicht zu fürchten; denn in seinen Rock kann man keinen Stich mehr thun.

Märten (bei Seite).

Aber Feuer, dünkt mich, da sollt' er Furcht vor haben, weil er doch in die Hand gebrannt ist von wegen Schafestehlens.

Cade.

Also haltet euch brav, denn euer Hauptmann ist brav und gelobt euch Reformation. Man soll in England sieben Sechserbrote für einen Groschen verkaufen; die dreireifige Kanne soll zehn Reifen haben; und ich will es für Hochverrath erklären, Dünnbier zu trinken. Das ganze Reich soll eine Gemeinheit werden, und mein Gaul soll in Cheapside grasen. Und wenn ich König bin, was ich bald sein werde —

Alle.

Gott erhalte Eure Majestät!

Cade.

Ich dank' euch, lieben Leute, — dann soll's kein Geld mehr geben, alle sollen auf meine Rechnung essen und trinken; und ich will sie in eine Livrei kleiden, damit sie sich vertragen als Brüder und mich, ihren Herrn, ehren.

Märten.

Das erste, was wir thun, wir wollen alle Rechtsgelehrten umbringen.

Cade.

Ja, das ist meine Absicht. Ist es nicht ein kläglich Ding, daß aus der Haut des unschuldigen Lammes Pergament gemacht wird? daß Pergament, wenn es bekritzelt ist, einen Menschen ruiniren kann? Einige sagen, die Bienen stechen; aber ich sage, Bienenwachs thut's, denn ich habe nur ein einzigmal was besiegelt, und von Stund' an war ich nie wieder mein eigener Herr. — Nun, was gibts? Wer ist das?

(Der Küster von Chatham wird von einigen Leuten hergeführt.)

Smith.

Der Küster von Chatham; er kann lesen und schreiben und Rechnungen aufsetzen.

Cade.

O abscheulich!

Smith.
Wir ertappten ihn, daß er den Jungen ihr Schreibbuch durchsah.
Cade.
Halunke!
Smith.
Er hat 'n Buch in der Tasche, da sind rothe Buchstaben drin.
Cade.
Na, dann ist er ein Teufelsbanner.
Märten.
Ja, er kann Verschreibungen machen und Kanzleischrift schreiben.
Cade.
Es thut mir leid; der Mann ist ein saubrer Mann, auf Ehre. Wenn ich ihn nicht schuldig finde, soll er nicht sterben. — Komm her, Kerl, ich muß dich verhören. Wie ist dein Name?
Küster.
Emanuel.
Märten.
Das setzen sie immer oben vor die Amtsschreiben. Na, Euch wird's schlimm ergehn.
Cade.
Laßt mich allein machen. — Pflegst du deinen Namen zu schrei=
ben, oder hast du ein Handzeichen wie andere ehrliche und recht=
liebende Männer?
Küster.
Gott sei Dank, Herr, ich bin so gut erzogen, daß ich meinen Namen schreiben kann.
Alle.
Er ist geständig. Weg mit ihm! Er ist ein Halunke und ein Verräther.
Cade.
Fort mit ihm, sag' ich. Hängt ihn mit seiner Feder und Tin=
tenfaß um den Hals!

(Einige mit dem Küster ab.)

(Michel tritt auf.)
Michel.
Wo ist unser General?
Cade.
Hier bin ich, du specieller Kerl.

Vierter Aufzug Zweite Scene.

Michel.

Flieht! flieht! flieht! Sir Humfrid Stafford und sein Bruder sind ganz nahebei mit des Königs Streitmacht.

Cade.

Steh, Schuft, steh, oder ich hau' dich nieder. Er soll einen Mann treffen, der so gut ist als er. Er ist blos ein Ritter, nicht wahr?

Michel.

Ja.

Cade.

Um seinesgleichen zu sein, will ich mich auf der Stelle zum Ritter machen. Knie' nieder, Mortimer. (Er kniet nieder.) Steh auf als Sir John Mortimer. Nun auf ihn los!
(Sir Humfrid Stafford und sein Bruder William kommen mit Truppen unter Trommelschlag.)

Stafford.

Rebellisch Pack, der Koth und Abschaum Kents,
Reif für den Galgen, legt die Waffen nieder,
Zu euren Hütten heim, verlaßt den Knecht da;
Der König ist barmherzig, wenn ihr abfallt —

William Stafford.

Doch zornig, furchtbar und auf Blut gestellt,
Wenn ihr beharrt. Drum fügt euch, oder sterbt.

Cade.

Hier diese seidnen Sklaven acht' ich nichts;
Du bist es, gutes Volk, zu dem ich spreche,
Das ich in Zukunft zu regieren hoffe,
Weil ich der rechte Erbe bin zum Thron.

Stafford.

Hundsfott! Dein Vater war ein Mauertüncher,
Und du bist selbst Tuchscherer; oder nicht?

Cade.

Und Adam war ein Gärtner.

Stafford.

Was soll das?

Cade.

Das soll es: Edmund Mortimer, Graf von March,
War Mann von Herzog Clarence' Tochter; nicht?

Stafford.

Ja wohl.

Cade.

Von der bekam er auf einmal zwei Kinder.

Stafford.

Das ist nicht wahr.

Cade.

Das fragt sich just. Ich sage, daß es wahr ist.
Der Aeltre, der in Kost gegeben war,
Der ward von einem Bettelweib gestohlen
Und wurde, weil er sein Geschlecht nicht kannte,
Ein Mauermann, als er zu Jahren kam.
Sein Sohn bin ich; das leugnet, wenn Ihr könnt.

Märten.

Ja, es ist nur allzu wahr; darum soll er König sein.

Smith.

Herr, er hat in meines Vaters Haus 'nen Schornstein gebaut, und die Backsteine leben noch bis auf diesen Tag, die es bezeugen können; also leugnet es nicht.

Stafford.

Und glaubt ihr diesem schmuz'gen Tagelöhner,
Der spricht er weiß nicht was?

Alle.

Ja wohl, das thun wir; schert Euch weg.

William Stafford.

Hans Cade, du lerntest dies vom Herzoge von York.

Cade (bei Seite).

Er lügt; ich hab's selber erfunden. — Marsch, Kerl, sagt dem König von meinetwegen: um seines Vaters willen, Heinrich's des Fünften, zu dessen Zeiten die Buben Hellerwerfen um französische Kronen spielten, sei ich's zufrieden, daß er regiere; aber ich wolle Protector sein über ihn.

Märten.

Und ferner so wollen wir Lord Say's seinen Kopf, weil er das Herzogthum Maine verkauft hat.

Cade.

Und das von Rechts wegen; denn durch selbiges ist England

verstümmelt worden und müßte am Stocke gehen, wenn meine
Großmächtigkeit es nicht aufrecht hielte. Mitkönige, ich sag' euch,
dieser Lord Say hat das gemeine Wesen castrirt und zum Eunuchen
gemacht; ja, noch mehr als das: er kann französisch sprechen; folg=
lich ist er ein Verräther.

Stafford.

O grobe, klägliche Unwissenheit!

Cade.

Na, antwortet, wenn Ihr könnt. Die Franzosen sind unsre
Feinde. Gut. Nun frag' ich blos dies eine: kann derjenige, der
mit der Zunge eines Feindes spricht, ein guter Rathgeber sein?
Ja oder nein?

Alle.

Nein, nein! Und darum wollen wir seinen Kopf.

William Stafford.

Nun wohl, da sanfte Worte nichts vermögen,
So greift sie mit dem Heer des Königs an.

Stafford.

Fort, Herold, ruf in allen Städten aus,
Daß wer zu Cade hält, Hochverrath begeht,
Sodaß man die, so aus der Schlacht entfliehn,
Selbst vor den Augen ihrer Fraun und Kinder
Zur Warnung hängen darf vor ihren Thüren. —
Und wer des Königs Freund ist, folge mir!

(Die beiden Stafford mit den Truppen ab.)

Cade.

Wer die Gemeinen liebt, der folge mir!
Nun zeigt euch Männer; denn nun geht's um Freiheit.
Wir wollen keinen Lord noch Junker schonen,
Nur solche, die in Nägelschuhen gehn,
Denn das sind fleiß'ge, wackre Leut' und nähmen,
Wenn sie's nur wagten, gern für uns Partei.

Märten.

Sie sind schon in Ordnung und marschiren auf uns los.

Cade.

Wir sind aber am besten in Ordnung, wenn's bei uns mit
aller Ordnung aus ist. Kommt! Marsch! Vorwärts!

(Alle ab.)

Dritte Scene.

Ein anderer Theil von Blackheath.

Getümmel. Beide Parteien kommen und fechten. Die beiden Stafford werden erschlagen.

Cade.
Wo ist Märten, der Metzger von Ashford?

Märten.
Hier.

Cade.
Sie fielen vor dir wie Schafe und Ochsen, und du benahmst dich als wärst du in deinem Schlachthause; deßhalb will ich dich also belohnen: die Fastenzeit soll noch eins so lang sein, und du sollst eine Schlachtlicenz haben für hundert Stück weniger eins.

Märten.
Mehr verlang' ich nicht.

Cade.
Und, die Wahrheit zu sagen, weniger verdienst du nicht. Dieses Denkmal des Sieges will ich tragen; und die Leichen soll mein Pferd nachschleifen, bis ich nach London komme, wo wir uns das Rathsschwert vortragen lassen wollen.

Märten.
Wenn wir vorwärts kommen wollen und Gutes thun, so brecht die Gefängnisse auf und laßt die Gefangnen los.

Cade.
Sei unbesorgt, ich steh' dafür. — Kommt, laßt uns nach London marschiren.

(Alle ab.)

Vierte Scene.

London. Ein Zimmer im Palast.

König Heinrich, eine Supplik lesend, tritt mit dem Herzog von Buckingham und Lord Say auf; im Hintergrunde Königin Margaretha, über Suffolk's Kopf trauernd.

Königin.
Oftmals hab' ich gehört, Gram stimme sanft

Und mache das Gemüth verzagt und feig;
Drum denk auf Rache und laß ab vom Weinen.
Wer aber muß nicht weinen, der dies sieht?
Sein Haupt noch drück' ich an mein klopfend Herz;
Wo aber ist der Leib, daß ich ihn herze?

Buckingham.

Was für Bescheid ertheilt man den Rebellen?

König Heinrich.

Ein frommer Bischof soll mit ihnen handeln.
Verhüte Gott, daß so viel arme Seelen
Umkommen durch das Schwert! Eh' blut'ger Krieg
Sie niedermacht, will ich mich lieber selbst
Mit ihrem General Hans Cade bereden.
Doch halt, ich will's noch einmal überlesen.

Königin.

O die Barbaren! Hat sein holdes Antlitz
Mich wie ein wandelnder Planet beherrscht,
Und konnt' es sie nicht zum Erbarmen zwingen,
Die unwerth waren es nur anzuschaun?

König Heinrich.

Lord Say, Hans Cade schwört, daß er deinen Kopf will.

Say.

Ja, doch ich hoffe, Herr, Ihr nehmt ihm seinen.

König Heinrich.

Nun, gnäd'ge Frau?
Noch immer jammernd, Suffolk's Tod betrauernd?
Ich fürchte, Schatz, wenn ich gestorben wär',
Du hättest mich so heftig nicht betrauert.

Königin.

Ich würd' um dich nicht trauern, sondern sterben.

(Ein Bote tritt auf.)

König Heinrich.

Was gibt es nun? Weshalb in solcher Hast?

Bote.

Die Meutrer sind in Southwark. Flieht, mein Fürst!
Hans Cade erklärt sich für Lord Mortimer,
Sprößling des herzoglichen Hauses Clarence,

Und Eure Hoheit nennt er Usurpator,
Und schwört in Westminster sich selbst zu krönen.
Sein Heer ist ein zerlumpter Pöbelhaufe,
Bauern und Knechte, roh und unbarmherzig;
Sir Humfrid Stafford's Tod und seines Bruders
Hat ihnen Herz und Muth gemacht zum Vorgehn;
Gelehrte, Hofleut', Edle schmähen sie
Als Raupen und bezwecken ihren Tod.

König Heinrich.

Gottloses Volk! Es weiß nicht, was es thut!

Buckingham.

Mein Fürst, zieht Euch nach Killingworth zurück,
Bis eine Macht im Feld steht, sie zu dämpfen.

Königin.

Ha, wär' der Herzog Suffolk jetzt am Leben,
Der kentische Pöbel wäre bald gezähmt!

König Heinrich.

Lord Say, die Rotte haßt dich;
Deswegen fort mit uns nach Killingworth!

Say.

Das brächte leicht den König in Gefahr;
Mein Anblick ist verhaßt in ihren Augen,
Und darum bleib' ich besser in der Stadt
Und halte mich verborgen, wie ich kann.

(Ein anderer Bote tritt auf.)
Zweiter Bote.

Hans Cade hat London-Brücke schon;
Die Bürger fliehn und räumen ihre Häuser;
Das schlechte Volk vereint sich mit dem Meutrer,
Durstig nach Raub, und einig schwören sie
Die Stadt und Euren Königshof zu plündern.

Buckingham.

Dann zögert nicht, mein Fürst; hinweg, zu Pferd!

König Heinrich.

Komm, Margareth! Gott, unser Trost, wird helfen!

Königin.

Mein Trost ist hin, seit Suffolk sterben mußte.

König Heinrich (zu Lord Say).

Lebt wohl, Mylord, traut den Rebellen nicht.

Buckingham.

Traut keinem, weil man Euch verrathen könnte.

Say.

Ich gründe mein Vertraun auf meine Unschuld,
Und darum bin ich muthig und getrost.

(Alle ab.)

Fünfte Scene.

Ebendaselbst. Der Tower.

Lord **Scales** und andere, sich auf der Mauer ergehend. Unten treten einige **Bürger** auf.

Scales.

Nun, ist Hans Cade erschlagen?

Ein Bürger.

Nein, Mylord; steht auch nicht zu hoffen. Sie haben die Brücke genommen und bringen alles um, was sich widersetzt. Der Lord Mayor bittet Euer Edeln um Succurs vom Tower, um die Stadt gegen die Rebellen zu vertheidigen.

Scales.

So viel ich missen kann, steht euch zu Dienst;
Indeß sie machen hier mir selbst zu schaffen;
Sie machten den Versuch den Tower zu nehmen.
Doch geht ihr nach Smithfield und sammelt euch,
Und dorthin send' ich euch Matthias Gough.
Kämpft für den König, euer Land und Leben!
Und so gehabt euch wohl; denn ich muß fort.

(Alle ab.)

Sechste Scene.

Ebendaselbst. Die Kanonenstraße.

Hans Cade kommt mit seinem Anhange. Er schlägt mit seinem Stabe auf den Londoner Stein.

Cade.

Nun ist Mortimer Herr dieser Stadt. Und hier, auf dem Londoner Stein sitzend, verordne und befehl' ich, daß auf Kosten der Stadt durch die Seigerinne nichts laufen soll als Franzwein während dieses ersten Jahres unsres Reichs. Und hinfüro soll es Hochverrath sein, wenn mich einer anders nennt als Lord Mortimer.

(Ein Rebell kommt gelaufen.)

Rebell.

Hans Cade! Hans Cade!

Cade.

Haut ihn nieder. *(Sie tödten ihn.)*

Smith.

Wenn dieser Bursche klug ist, so nennt er Euch nie wieder Hans Cade; ich meine, er hat 'nen guten Denkzettel gekriegt.

Märten.

Mylord, bei Smithfield ist ein Kriegsheer angesammelt.

Cade.

Schön, dann wollen wir mit ihnen fechten. Erst geht aber hin und steckt die London-Brücke in Brand, und wenn ihr könnt, brennt auch den Tower nieder. Kommt, vorwärts!

(Alle ab.)

Siebente Scene.

Ebendaselbst. Smithfield.

Getümmel. Von der einen Seite kommen Cade und seine Leute, von der andern die Bürger und königliche Truppen unter Matthias Gough. Sie fechten; die Bürger fliehen; Gough fällt.

Cade.

So, Leute. Jetzt geht etliche und reißt Savoyenhaus nieder; andere nach den Gerichtshöfen; alle niedergerissen!

Vierter Aufzug. Siebente Scene.

Märten.

Ich hab' ein Gesuch an Eure Herrlichkeit.

Cade.

Und wär's eine Herrschaft, für dies Wort sollst du sie haben.

Märten.

Bloß, daß die Gesetze Englands aus Eurem Munde kommen mögen.

Johann (bei Seite).

Sapperment, das gäbe heillose Gesetze; denn er hat einen Lanzenstich in den Mund gekriegt, und es ist noch nicht wieder heil.

Smith (bei Seite).

Nein, Johann, stinkende Gesetze werden's sein; denn er stinkt aus dem Munde nach geröstetem Käse.

Cade.

Ich hab's mir überlegt, es soll so sein. Fort, verbrennt alle Protokolle des Reichs; mein Mund soll das Parlament von England sein.

Johann (bei Seite).

Da kriegen wir beißende Statuten, wenn man ihm nicht die Zähne ausreißt.

Cade.

Und hinfüro soll alles in Gemeinschaft sein.

(Ein Bote tritt auf.)

Bote.

Mylord, ein Fang, ein Fang! Hier ist der Lord Say, der die Städte in Frankreich verkauft hat, der uns einundzwanzigmal den Funfzehnten abgenommen hat, und einen Schilling vom Pfunde bei der letzten Kriegssteuer.

(Georg Bevis kommt mit Lord Say.)

Cade.

Gut, er soll dafür zehnmal geköpft werden. — Na, Say, du Sämann, du Drescher, du Flegel, nun stehst du schußgerecht vor unserer königlichen Gerichtsbarkeit. Was kannst du meiner Majestät drauf antworten, daß du die Normandie an Musje Bäsimecü, den Dauphin von Frankreich, herausgegeben hast? Kund und zu wissen sei dir hiermit durch Gegenwärtiges, will sagen gegenwär-

tigen Lord Mortimer, daß ich der Besen bin, so den Hof rein
fegen muß von solchem Dreck, wie du bist. Du hast die Jugend
des Reichs arglistig verderbet durch Errichtung einer lateinischen
Schule; und da vor diesem unsere Vorältern keine andern Bücher
hatten außer das Kerbholz und Zahlbret, so hast du das Drucken auf=
gebracht, und hast böslich wider den König, seine Krone und Würde
eine Papiermühle gebaut. Es wird dir ins Gesicht bewiesen werden,
daß du Männer um dich hast, die zu reden pflegen von Nomen
und Verbum, und dergleichen scheußliche Worte mehr, als welche
kein christlich Ohr anhören kann. Du hast Friedensrichter ange=
stellt, daß sie arme Leute vorforderten über Dinge, worauf sie nicht
antworten konnten. Ferner hast du sie ins Loch gesteckt, und weil
sie nicht lesen konnten, hast du sie hängen lassen, da sie doch blos
aus diesem Grunde am meisten verdienten zu leben. Du reitest in
einer Schabracke, nicht wahr?

Was weiter?

Say.

Cade.

Ei, du solltest dein Pferd keinen Mantel tragen lassen, der=
weil ehrlichere Leute als du in Wams und Hosen gehn.

Märten.

Und im Hembe arbeiten, noch dazu; als zum Exempel ich, der
ich ein Metzger bin.

Say.

Ihr Männer von Kent —

Märten.

Was habt Ihr auf Kent zu sagen?

Say.

Nichts als dies: es ist bona terra, mala gens.

Cade.

Fort mit ihm, fort mit ihm; er spricht lateinisch!

Say.

Hört mich nur an, dann führt mich wo ihr wollt.
Kent heißt in Julius Cäsar's Commentaren
Die feinste Gegend dieser ganzen Insel;
Das Land ist lieblich, weil von Segen voll,
Das Volk freigebig, tapfer, thätig, reich:
Weshalb ich hoff', ihr seid nicht ohn' Erbarmen.
Nicht ich verkaufte Maine und Normandie,

Mit meinem Blut kauft' ich sie gern zurück.
Das Recht hab' ich mit Milde stets geübt,
Gerührt durch Flehn und Thränen, nie durch Gaben.
Wann hab' ich euch besteuert außer nur
Zum Unterhalt für König, Reich und euch?
Viel Gaben wandt' ich an gelehrte Männer,
Weil mich mein Buch beim König förderte,
Und weil Unwissenheit des Himmels Fluch ist,
Wissen der Flügel, der zu Gott uns trägt.
Seid ihr besessen nicht von Höllengeistern,
So bringt ihr meinen Mord nicht übers Herz.
Hier diese Zunge hat an fremden Höfen
Für euch gesprochen —

Cade.

Pah, wann hast du je einen Streich im Felde geführt?

Say.

Der Mächt'gen Arm reicht weit; oft traf ich Menschen,
Die ich doch nie gesehn, und traf sie töblich.

Georg.

O schändliche Memme! Was, hinterrücks die Leute anzufallen?

Say.

Dies Antlitz wurde bleich in Sorg' um euch.

Cade.

Gebt ihm eine Ohrfeige, da wird's wieder roth werden.

Say.

Lang Sitzen im Gericht für arme Leute
Hat mich erfüllt mit Krankheit und Gebresten.

Cade.

So sollt Ihr einen hänfnen Magentrank haben und mit 'nem Beil curirt werden.

Märten.

Was zitterst du, Mann?

Say.

Der Schlagfluß nöthigt mich, und nicht die Furcht.

Cade.

Ja, er nickt uns zu, als wollt' einer sagen: ihr sollt's mir

entgelten! Ich will mal sehn, ob sein Kopf auf einer Stange
auch so wackelt. Schafft ihn weg und köpft ihn.

Say.

Sagt mir, worin verging ich mich am meisten?
Hab' ich nach Macht gegeizt, nach Reichthum? Sprecht.
Sind meine Kisten voll erpreßten Goldes?
Ist meine Kleidung prunkhaft anzuschaun?
Wen kränkt' ich je, daß ihr mein Leben sucht?
Kein schuldlos Blut hat diese Hand vergossen
Und diese Brust nie argen Trug beherbergt.
O laßt mich leben!

Cade.

Ich fühle Rührung in mir bei seinen Worten; aber ich will sie
zügeln. Er soll sterben, wär's auch nur, weil er so fein für sein
Leben spricht. Weg mit ihm! Er hat einen dienstbaren Teufel unter
der Zunge sitzen, er spricht nicht im Namen Gottes. Geht, sag'
ich, führt ihn ab und schlagt ihm gleich den Kopf ab. Und dann
brecht in das Haus seines Eidams Sir James Cromer und schlagt
ihm den Kopf ab, und bringt sie beide auf zwei Stangen hierher.

Alle.

Es soll geschehn.

Say.

Landsleute, o, wenn Gott bei euren Bitten
So wenig sich erbarmte wie ihr selbst,
Wie würd' es drüben euren Seelen gehn?
Darum laßt euch noch rühren: schont mein Leben!

Cade.

Hinweg mit ihm, und thut was ich befehle. (Lord Say wird abgeführt.)
Der stolzeste Pair im Königreich soll keinen Kopf auf den Schultern
tragen, wenn er mir nicht Tribut zahlt. Kein Mädchen soll ver=
heirathet werden, ohne daß sie mir ihre Jungfernschaft bezahlt,
ehe sie sie kriegen. Die Männer sollen alle bei mir zu Lehn gehen,
und wir verordnen und gebieten, daß ihre Frauen so frei sein
sollen, als das Herz nur wünschen oder die Zunge sagen kann.

Märten.

Mylord, wann sollen wir nach Cheapside gehn und die Waaren=
lager aufnehmen?

Cade.

Ei, sogleich.

Vierter Aufzug. Achte Scene.

Alle.

O herrlich!
(Die Köpfe des Lord Say und seines Eidams werden auf Stangen von einigen Rebellen hereingetragen.)

Cade.

Aber ist dies nicht noch herrlicher? Laßt sie mal einander küssen; denn sie haben sich bei ihren Lebzeiten liebgehabt. Jetzt trennt sie wieder, damit sie nicht rathschlagen, wie sie noch mehr französische Städte weggeben wollen. Soldaten, verschiebt die Plünderung der Stadt bis auf die Nacht; denn wir wollen diese vor uns hertragen lassen wie Scepter und so durch die Straßen reiten, und an jeder Ecke sollen sie sich küssen. Vorwärts!
(Alle ab.)

Achte Scene.

Southwark.

Getümmel. Cade und sein ganzes Gesindel treten auf.

Cade.

Die Fischgasse hinauf! nach Sanct-Magnus-Ecke! Haut und stecht! Schmeißt sie in die Themse! (Es wird zur Unterhandlung, sodann zum Rückzug geblasen.) Was hör' ich da für 'nen Lärm? Ist wer so dreist, Rückzug oder Unterhandlung zu blasen, wenn ich sage, sie sollen alles todtschlagen?
(Buckingham und der alte Clifford treten auf mit Truppen.)

Buckingham.

Hier sind sie, die so dreist sind dich zu stören.
Wiss', Cade, wir kommen mit des Königs Botschaft
An die Gemeinen, die du irreführst.
Und hier verkünd' ich jedermann Verzeihung,
Der dich verläßt und still nach Hause geht.

Clifford.

Was sagt ihr, Freunde? Wollt ihr in euch gehn?
Nehmt ihr die Gnade an, die man euch bietet?
Oder soll Pöbel euch zum Galgen führen?
Wer unsern König liebt und Gnade wünscht,
Der schwenk' den Hut und rufe: Hoch der König!

Doch wer ihn haßt und ehrt nicht seinen Vater,
Heinrich den Fünften, vor dem Frankreich bebte,
Der droh' uns mit der Waff' und zieh' vorüber.

Alle.

Hoch der König! Der König hoch!

Cade.

Was, Buckingham und Clifford, seid ihr so brav? — Und ihr, schlechtes Bauernvolk, glaubt ihr ihm? Wollt ihr euch durchaus hängen lassen mit eurem Pardon um den Hals? Hat mein Schwert darum das Thor von London erbrochen, damit ihr mich beim Weißen Hirschen in Southwark im Stich lassen solltet? Ich meinte, ihr wolltet diese Waffen nie ausliefern, bis ihr eure alte Freiheit wiedergewonnen hättet; aber ihr seid allesammt Abtrünnige und Hasenherzen und lebt mit Vergnügen in der Sklaverei des Adels. Na gut, die Edelleute mögen euch den Buckel belasten, bis er zusammenbricht, euch das Haus überm Kopfe wegnehmen, eure Frauen und Töchter vor euren Augen nothzüchtigen; was mich betrifft, ich werde für mich allein schon Rath schaffen und somit — Gottes Fluch treffe euch alle!

Alle.

Wir gehn mit Cade! Wir gehn mit Cade!

Clifford.

Ist dieser Cade Heinrich's des Fünften Sohn,
Daß ihr so jubelt, ihr wollt mit ihm gehn?
Führt er euch etwa durch das Herz von Frankreich
Und macht aus euren Letzten Lords und Grafen?
Er hat nicht Haus und Hof noch Zufluchtstatt
Und kann nicht anders leben als von Raub,
Wenn er nicht eure Freund' und uns bestiehlt.
Wär's nicht ein Schimpf, wenn während eures Zanks
Der scheue Franzmann, den ihr jüngst geschlagen,
Ueber die See herkäm' und schlüge euch.
Ich seh' ihn schon, bei diesem Bürgerzwist
Wie er den Herrn in Londons Gassen spielt
Und jedermann anruft mit: Villageois!
Laßt doch zehntausend lump'ge Cades verderben,
Eh' ihr euch bückt vor eines Franzmanns Gnade.
Nach Frankreich, Frankreich! Holt, was ihr verlort.
Schont England, denn es ist eu'r Heimatstrand.
Heinrich hat Geld, ihr selbst seid stark und mannhaft,
Und Gott mit uns: so zweifelt nicht am Sieg.

Alle.

Hoch Clifford! Hoch Clifford! Wir folgen dem König und Clifford.

Cade.

Ward je eine Feder so leicht hin- und hergeblasen als dieser Haufe? Der Name Heinrich's des Fünften reißt sie zu hundert dummen Streichen hin und macht sie mir abspenstig in meiner Noth. Ich sehe, sie stecken die Köpfe zusammen, um mich zu überrumpeln. Mein Schwert muß mir einen Weg machen, denn hier ist kein Bleibens. Trotz Höll' und Teufeln will ich mitten durch euch hin, und Himmel und Ehre sollen mir bezeugen, daß nicht Mangel an Courage, sondern bloß die lumpige und schimpfliche Verrätherei meiner Partei mich veranlaßt auszureißen.

(Ab.)

Buckingham.

Was? Cade entflohn? Schnell, einige ihm nach!
Und der, der seinen Kopf dem König bringt,
Soll tausend Kronen zur Belohnung haben. —
Folgt mir; wir wollen auf ein Mittel sinnen,
Euch alle mit dem König zu versöhnen.

(Alle ab.)

Neunte Scene.

Schloß Kenilworth.

König Heinrich, die Königin und Somerset auf der Terrasse des Schlosses.

König Heinrich.

Saß je ein Fürst auf einem Thron der Erde,
Der nicht mehr Freude finden konnt' als ich?
Ich war aus meiner Wiege kaum gekrochen,
Als ich schon König ward, neun Monden alt.
Nie wünscht' ein Unterthan so, Fürst zu werden,
Wie ich mich sehne, Unterthan zu sein.

(Buckingham und Clifford treten auf.)

Buckingham.

Wohlfahrt und frohe Zeitung Eurer Hoheit!

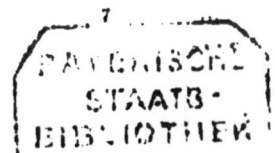

König Heinrich.
Mylord, ist der Verräther Cade ergriffen?
Wie, oder wich er nur um sich zu stärken?
(Unten erscheint eine Anzahl von Cade's Anhängern mit Stricken um den Hals.)
Clifford.
Er floh, mein Fürst, und all sein Volk ergibt sich.
Und reuig hier, mit Stricken um den Hals;
Erwarten sie von Euch Gnad' oder Tod.
König Heinrich.
Dann, Himmel, öffne deine ew'gen Thore,
Um aufzunehmen meinen Dank und Preis! —
Ihr Leute habt heut euren Kopf gelöst:
Ihr zeigt mir, daß ihr Land und König liebt.
Beharret in so löblicher Gesinnung,
Und Heinrich, wenn auch selber unbeglückt,
Deß seid versichert, wird nie lieblos sein.
Und so, euch allen dankend und verzeihend,
Entlaß' ich euch, in seine Heimat jeden.
Alle.
Gott erhalte den König! Gott erhalte den König!
(Das Volk ab.)
(Ein Bote tritt auf.)
Bote.
Gefall' es Eurer Hoheit zu vernehmen:
Soeben kommt der Herzog York von Irland,
Und mit gewaltiger und starker Macht
Von Galloglassen und von derben Kerns
Rückt er heran in stolzem Heereszug,
Verkündend unterwegs, daß er die Waffen
Nur trag', um Herzog Somerset vom Hof
Zu treiben, welchen er Verräther nennt.
König Heinrich.
So steh' ich zwischen Cade und York bedrängt,
Ganz wie ein Schiff, das einem Sturm entrann
Und das bei stillem Wind Piraten entern.
Kaum ist der Cade verjagt, sein Volk zerstreut,
Und nun kommt York in Waffen ihm zu helfen. —
Ich bitt' Euch, Buckingham, geht ihm entgegen
Und fragt ihn nach den Gründen dieses Zugs.
Sagt ihm, der Herzog Edmund sei im Tower. —
Ich muß Euch dort verwahren, Somerset,
Bis seine Truppenmacht entlassen ist.

Vierter Aufzug. Zehnte Scene.

Somerset.
Mein Fürst, ich füge willig mich der Haft
Und auch dem Tod, um diesem Reich zu nützen.
König Heinrich.
Auf jeden Fall sei nicht zu rauh in Worten;
Denn er ist trotzig und verträgt kein Schelten.
Buckingham.
Schon recht, mein Fürst; ich hoff' es so zu lenken,
Daß alles noch zu Eurem Vortheil ausfällt.
König Heinrich.
Komm, Frau. Wir wollen lernen gut regieren;
Bisjetzt darf England meiner Herrschaft fluchen.
(Alle ab.)

Zehnte Scene.

Kent. Iden's Garten.

Cade tritt auf.

Cade.
Pfui über den Ehrgeiz! pfui über mich selbst, der ich ein Schwert habe und doch daran bin zu verhungern. Diese fünf Tage hab' ich mich in diesen Wäldern versteckt und mich nicht herauszuschauen getraut; denn im ganzen Lande lauern sie mir auf. Aber jetzt bin ich so hungrig, daß ich nicht länger bleiben kann, wenn ich auch dafür mein Leben auf tausend Jahre in Pacht kriegte. Darum bin ich über die Mauer in diesen Garten geklettert, um zu sehen, ob ich einen Salat pflücken oder zur Abwechselung ein paar Grashälmchen essen kann, was gar nicht übel ist um einem bei dem heißen Wetter den Magen zu kühlen. Grashälmchen! Wahrhaftig ich glaube, dies Wort „Hälmchen" ist eigens zu meinem Nutz und Frommen auf die Welt gekommen. Manches liebe mal, ohne mein Eisenhelmchen, wäre mir mein Hirnkasten von einer Hellebarte zerspalten, und manches liebe mal, wann ich trocken war und brav marschirte, hat's mir als Quartmaß gedient draus zu trinken; und nun müssen die Grashälmchen wieder mir zur Speise dienen.
(Iden tritt auf mit Dienern.)

Iden.

Wer möcht' im Hoflärm leben, lieber Himmel,
Wenn man so stille Gänge hat wie diese?
Dies Gütchen, das mein Vater mir vererbte,
Befriedigt mich und gilt ein Königreich.
Ich suche nicht durch andrer Fall zu steigen
Und reich zu werden um den Preis des Hasses.
Genug, daß ich besitze, was mich nährt
Und Armen Trost an meiner Thür gewährt.

Cade.

Da kommt der Herr des Bodens und wird mich greifen als einen Landstreicher, weil ich unbefugt seine Liegenschaften betrete. — Ha, Schuft, du willst mich verrathen und dir tausend Kronen vom König verdienen durch Ueberbringung meines Kopfs; aber du sollst mir Eisen fressen wie ein Strauß und mein Schwert verschlucken wie eine große Nadel, ehe wir beide auseinanderkommen.

Iden.

Ei, ungeschliffner Mensch, wer du auch seist,
Ich kenn' dich nicht, wie sollt' ich dich verrathen?
Ist's nicht genug, in meinen Hof zu brechen
Und wie ein Dieb mein Saatland zu bestehlen,
Und über meine Mauer frech zu klettern,
Daß du mich noch mit losen Worten höhnst?

Cade.

Dich höhnen? Ja, bei dem besten Blut, das jemals angezapft ward; und trotzen obendrein. Schau' mich recht an: ich habe in fünf Tagen nichts gegessen; trotzdem, komm du mit deinen fünf Kerlen, und wenn ich euch nicht sammt und sonders so platt schlage wie einen Thürnagel, so bitt' ich Gott, daß ich nie wieder Gras zu essen kriege.

Iden.

Nein, niemals heiß' es, solang' England steht,
Daß Alexander Iden, Squire in Kent,
Ungleich mit einem Hungerleider focht.
Setz' dein starrblickend Auge gegen meins,
Ob du mit deinen Blicken mich verblüffst.
Setz' Glied an Glied, und du bist weit geringer,
Dein' Hand ein Finger neben meiner Faust,
Dein Bein ein Stock, mit diesem Stamm verglichen,
Mein Fuß so stark wie deine ganze Kraft,

Vierter Aufzug. Zehnte Scene.

Und wenn mein Arm sich in die Luft erhebt,
So ist dein Grab schon fertig in der Erde.
Statt großer Worte, die nur Wort' erwidern,
Erzähle dir dies Schwert, was ich nicht sage.

Cade.

Bei meiner Tapferkeit, der vollkommenste Klopffechter, von dem ich je gehört habe! Stahl, wenn du nun die Schneide biegst, oder wenn du nicht den grobknochigen Lümmel in Stückchen Rindfleisch zerhackst, eh' du wieder in deiner Scheide schläfst, so bitt' ich Gott auf meinen Knien, dich in Hufnägel zu verwandeln. (Sie fechten. Cade fällt.) O, ich bin hin! Hunger, und kein andrer hat mich erschlagen. Laßt zehntausend Teufel gegen mich kommen und gebt mir nur meine zehn verlornen Mahlzeiten, und ich nehm's mit allen auf. Verdorre, Garten, werde hinfort ein Kirchhof für alle, die in diesem Hause wohnen, weil hier die unüberwindliche Seele Cade's geflohen ist!

Iden.

Ist's Cade, den ich erschlug, der Erzverräther?
Geheiligt bist du, Schwert, durch diese That
Und sollst einst über meinem Grabe hangen;
Nie sei dies Blut von deinem Stahl gewischt,
Nein, tragen sollst du's wie ein Heroldswappen
Als Schmuck der Ehre, die dein Herr gewann.

Cade.

Iden, leb' wohl, und sei stolz auf deinen Sieg. Sag' dem Lande Kent von mir, daß es seinen besten Mann verloren hat; und ermahne alle Welt Memmen zu sein, denn ich, der ich mich nie vor keinem gefürchtet, bin besiegt durch Hunger, nicht durch Tapferkeit. (Er stirbt.)

Iden.

Wie du mir unrecht thust, sei Gott mein Richter.
Stirb, Schuft, du Fluch der Mutter, die dich trug;
Wie ich mein Schwert in deinen Leib gestoßen,
So stieß' ich deine Seele gern zur Hölle!
Jetzt schleif' ich dich an deinen Fersen fort
Zum Düngerhaufen, der sei deine Gruft;
Und hau' dir ab dein frevelhaftes Haupt,
Das ich dem König triumphirend bringe,
Indeß an deinem Rumpf die Kräh'n sich mästen.
(Er schleift den Leichnam fort.)

Fünfter Aufzug.

Erste Scene.

Ebendaselbst. Feld zwischen Dartford und Blackheath.

Auf der einen Seite das Lager des **Königs**; von der andern kommt **York** mit Trommeln und Fahnen; seine Truppen im Hintergrunde.

York.

Von Irland her kommt York und heischt sein Recht
Und reißt von Heinrich's schwachem Haupt die Krone:
Schallt, Glocken, laut! Brennt, Freudenfeuer, hell!
Begrüßt des großen Englands echten König!
O sancta majestas! wer kaufte dich nicht theuer?
Laßt den gehorchen, der nicht herrschen kann;
Die Hand hier ward geformt nur Gold zu fassen,
Sie kann nicht meinen Worten Handlung geben,
Wenn sie nicht Degen oder Scepter wägt:
Bei meiner Seel', ein Scepter soll sie haben,
Auf das ich Frankreichs Lilien stecken will!

(**Buckingham** tritt auf.)

York.

Wer kommt da — Buckingham? — um mich zu stören?
Er kommt vom König, sicher; ich muß heucheln.

Buckingham.

Wenn du als Freund kommst, York, so grüß' ich freundlich.

York.

Humfrid von Buckingham, Dank für den Gruß.
Kommst du mit Botschaft, oder aus Belieben?

Buckingham.

Als Bote Heinrich's, unsres hohen Lehnsherrn.
Sag' an, was soll im Frieden diese Rüstung?

Weshalb haſt du, ein Unterthan wie ich,
Trotz deinem Eid und der beſchwornen Pflicht
Dies große Heer verſammelt ohn' Erlaubniß
Und wagſt damit dem Hofe ſo zu nahn?

York (bei Seite).

Kaum kann ich ſprechen, ſo ergrimmt bin ich.
O, Felſen könnt' ich haun, mit Kieſeln kämpfen,
So zornig macht mich dies hochmüth'ge Reden;
Ich könnte jetzt, wie Ajax Telamonius,
Die Wuth an Ochſen und an Schafen kühlen!
Ich bin viel beſſrer Abkunft als der König
Und königlicher von Natur und Sinn;
Doch muß ich noch ein Weilchen freundlich thun,
Bis Heinrich ſchwächer iſt und ſtärker ich. —
O Buckingham, ich bitte dich, verzeih,
Daß ich die ganze Zeit nicht Antwort gab;
Mein Geiſt war, ach, verwirrt von tiefer Schwermuth.
Mein Zweck mit dieſem Heer iſt dies: ich will
Den ſtolzen Somerſet vom Hof entfernen,
Weil er den König und das Reich verräth.

Buckingham.

Das iſt zu große Anmaßung von dir;
Inzwiſchen wenn dein Zug ſonſt nichts bezweckt,
So hat der König dein Geſuch bewilligt:
Der Herzog Somerſet iſt ſchon im Tower.

York.

Bei deiner Ehr', iſt er ein Staatsgefangner?

Buckingham.

Bei meiner Ehr', er iſt ein Staatsgefangner.

York.

Dann, Buckingham, entlaſſ' ich meine Macht. —
Soldaten, Dank euch allen, und zerſtreut euch;
Trefft morgen mich auf Sanct=Georgen=Feld;
Ich geb' euch Sold und alles was ihr wünſcht. —
Mein Souverän, der tugendſame Heinrich,
Mag meinen älteſten Sohn, ja alle Söhne
Als Pfänder meiner Lieb' und Treu' begehren:
So gern ich lebe, will ich alle ſchicken;
Land, Güter, Pferde, Waffen, all mein Eigen
Steht ihm zu Dienſt, wenn Somerſet nur ſtirbt.

Buckingham.

Ich lobe, York, die sanfte Unterwerfung.
Gehn wir selbander in des Königs Zelt.

(König Heinrich mit Gefolge tritt auf.)

König Heinrich.

Buckingham, droht York keinen schlimmen Streich,
Daß er mit dir einhergeht Arm in Arm?

York.

In aller Unterwürfigkeit und Demuth
Erscheinet York vor Eurer Majestät.

König Heinrich.

Was sollen denn die Truppen, die du mitbringst?

York.

Den falschen Somerset von hinnen drängen,
Und gegen Cade, den Erzrebellen, fechten;
Ich hört' erst jetzt, daß er geschlagen ward.

(Iden tritt auf mit Cade's Kopf.)

Iden.

Wenn sich ein schlichter Mann so niedern Rangs
Getrauen darf in eines Königs Nähe,
Bring' ich Eu'r Gnaden ein Verrätherhaupt,
Den Kopf des Cade, den ich im Zweikampf schlug.

König Heinrich.

Den Kopf des Cade? O Gott, du bist gerecht! —
O laßt mich das Gesicht des Todten sehn,
Der lebend mir so große Noth verursacht.
Sag', Freund, bist du der Mann, der ihn erschlug?

Iden.

Ich war's, zu Eurer Majestät Befehl.

König Heinrich.

Wie heißest du, und welches ist dein Rang?

Iden.

Alexander Iden ist mein Nam', aus Kent,
Ein armer Squire, der seinen König liebt.

Fünfter Aufzug. Erste Scene.

Buckingham.
Wenn's Euch beliebt, mein Fürst, es wär' gefügt,
Zum Ritter ihn zu schlagen für den Dienst.

König Heinrich.
Iden, knie nieder! Steh als Ritter auf!
Wir geben dir zum Lohn eintausend Mark
Und wollen, daß du uns fortan begleitest.

Iden.
Mög' Iden leben, um dies zu verdienen,
Und leb' er nie als seinem Lehnsherrn treu!

König Heinrich.
Seht, Somerset kommt mit der Königin.
Geh, Buckingham, daß sie schnell vor York ihn birgt.

(Die Königin und Somerset treten auf.)

Königin.
Um tausend Yorks soll er sein Haupt nicht bergen;
Mit kühner Stirn tret' er ihm vors Gesicht.

York.
Was, Somerset ist frei? Wohlan denn, York,
Laß los die langgefesselten Gedanken,
Laß deine Zunge gleich sein deinem Herzen!
Soll ich den Anblick Somerset's ertragen? —
Arglist'ger König, brichst du mir dein Wort,
Da du doch weißt, wie schwer ich Kränkung dulde?
König nannt' ich dich? Nein, du bist nicht König,
Kein Mann, um über Völker Fürst zu sein,
Der nicht Verräther zähmen mag noch kann.
Dein Kopf da steht zu einer Krone schlecht;
Die Hand da mag den Pilgerstab umspannen,
Und nicht ein hohes Fürstenscepter schmücken.
Dies Gold, es schmiege sich um meine Stirn,
Die wie der Speer Achill's durch Dräun und Lächeln
Abwechselnd tödten kann und wieder heilt;
Hier ist die Hand ein Scepter hochzuhalten
Und bindende Gesetze zu vollziehn.
Mach' Platz! Bei Gott, du sollst nicht Herrscher sein
Des Manns, den Gott zu deinem Herrscher schuf!

Somerset.
O Erzrebell! York, ich verhafte dich
Um Hochverrath am König und der Krone.
Gehorch, verwegner Frevler; knie' um Gnade.

York.

Knien? Laß mich diese fragen, ob sie's dulden,
Daß ich ein Knie vor einem Menschen beuge. —
Freund, ruf mir meine Söhn' als meine Bürgen;
(Einer vom Gefolge ab.)
Ich weiß, eh' sie in Haft mich lassen gehn,
Verpfänden sie ihr Schwert für meine Freiheit.

Königin.

Ruft Clifford, heißt ihn auf der Stelle kommen;
Er sag' uns, ob die Bastardbuben York's
Für ihren falschen Vater bürgen sollen.
(Buckingham ab.)

York.

O blutbesprißte Neapolitanerin!
Auswurf Neapels! Englands blut'ge Geisel!
York's Söhne, besser von Geburt als du,
Soll'n ihres Vaters Bürgschaft sein; weh dem,
Der meiner Buben Sicherheit zurückweist!
(Edward und Richard Plantagenet treten von der einen Seite mit Truppen
auf; von der andern, gleichfalls mit Truppen, der alte Clifford und sein Sohn.)

York.

Das sind sie, seht! Ich schwör's, sie machen's gut.

Königin.

Und Clifford hier weist ihre Bürgschaft ab.

Clifford (knieend).

Wohlfahrt und Glück dem König, meinem Herrn!

York.

Ich danke, Clifford. Nun, was bringst du Neues?
Nein, mach' uns nicht mit zorn'gen Blicken bang;
Wir sind dein Lehnsherr, Clifford; nochmals knie';
Wir wollen deinen Irrthum dir verzeihn.

Clifford.

Da steht mein König, York. Ich irre nicht;
Du irrst dich sehr in mir, daß du es denkst. —
Bringt ihn ins Tollhaus! Ist der Mann verrückt?

König.

Ja, Clifford: irgendeine Tollhausgrille
Der Ehrsucht hetzt ihn wider seinen Herrn.

Clifford.

Er ist ein Erzrebell; schickt ihn zum Tower
Und kürzt ihm seinen meuterischen Kopf.

Königin.

Er ist verhaftet, aber er gehorcht nicht;
Die Söhne, meint er, sagten gut für ihn.

York.

Wollt ihr's nicht, Söhne?

Edward.

Wenn unser Wort was gilt, ja, edler Vater.

Richard.

Und wenn das Wort nicht gilt, so gilt das Schwert.

Clifford.

Ei, welche Brut Verräther gibt es hier!

York.

Blick' in den Spiegel, nenne so dein Bild;
Ich bin dein Fürst, und du bist ein Verräther. —
Ruft an den Pfahl hierher mein Bärenpaar,
Damit das bloße Schütteln ihrer Ketten
Dies tückisch lauernde Hundepack betäubt:
Heißt Salisbury und Warwick zu mir kommen.

(Trommeln. **Salisbury** und **Warwick** kommen mit Truppen.)

Clifford.

Ist dies dein Bärenpaar? Wir hetzen's todt
Und legen den Bärenwärter an die Kette,
Wenn du es wagst zur Hetze sie zu stellen.

Richard.

Oft sah ich, wie ein hitz'ger lecker Hund
Umschnappt' und biß, weil man vom Kampf ihn fernhielt,
Doch losgelassen, vor der Bärentatze
Den Schwanz einklemmt' und kläglich winselte:
Und solch ein Stück führt Ihr wahrscheinlich auf,
Wenn Ihr Euch mit Lord Warwick messen wollt.

Clifford.

Pack' dich, du Häuflein Zorns, unfert'ger Klump,
Gleich knorrig von Gestalt und Lebensart!

York.
Wart' nur, wir heizen Euch gehörig ein.
Clifford.
Gebt Acht, daß nicht die Hitz' Euch selbst verbrennt.
König Heinrich.
Ei, Warwick, hat dein Knie verlernt sich beugen? —
Und Salisbury — Schmach deinem Silberhaar!
Verführer deines hirnverbrannten Sohns!
Was? auf dem Todbett spielst du noch den Raufbold
Und suchest Trübsal mit der Brille auf?
O, wo ist Redlichkeit? O, wo ist Treue?
Wenn sie verbannt ist von bereistem Haupt,
Wo soll sie Herberg' auf der Erde finden?
Um Krieg zu finden gräbst du eine Gruft
Und willst mit Blut dein ehrlich Alter schänden?
Weswegen bist du alt, wenn ohn' Erfahrung?
Warum, wenn du sie hast, mißbrauchst du sie?
Schäm' dich! beug' pflichtgemäß dein Knie vor mir,
Das sich dem Grab entgegenkrümmt vor Alter.
Salisbury.
Mein Fürst, erwogen hab' ich bei mir selbst
Den Anspruch dieses hochberühmten Herzogs,
Und im Gewissen acht' ich Seine Gnaden
Den rechten Erben dieses Königsthrons.
König Heinrich.
Hast du nicht mir die Lehenspflicht geschworen?
Salisbury.
Das hab' ich.
König Heinrich.
Kannst du vor Gott dich diesem Eid entziehn?
Salisbury.
's ist große Sünde, Sünde zu geloben;
Doch größre Sünde, sünd'gen Eid zu halten.
Wer kann sich binden durch den höchsten Schwur,
Mord zu verüben, einen zu berauben,
Die Keuschheit reiner Jungfraun zu bewält'gen,
Ihr erblich Gut der Waise zu entziehn,
Die Witwen um ihr üblich Recht zu kränken,

Und hätte keinen Grund zu solchem Frevel,
Als daß ihn bind' ein feierlicher Schwur?

Königin.

Verräthern fehlt es an Sophisten nie.

König Heinrich.

Ruft Buckingham, und heißt ihn sich bewaffnen.

York.

Ruf Buckingham und alle deine Freunde;
Ich bin entschlossen: Hoheit oder Tod!

Clifford.

Ich steh' für letztern ein, wenn Träume gelten.

Warwick.

Ihr solltet schlafen gehn und weiter träumen,
Um dich zu schützen vor dem Sturm der Schlacht.

Clifford.

Ich bin entschlossen mehr Sturm auszuhalten,
Als heute du heraufbeschwören kannst;
Das will ich dir auf deinen Sturmhut schreiben,
Wenn ich dich kenn' an deinem Hausemblem.

Warwick.

Beim Helmschmuck meines alten Vaters Nevil,
Dem stehnden Bären an dem knorr'gen Pfahl,
Hoch will ich heute meinen Sturmhut tragen,
Wie auf der Bergeshöh' die Ceder ragt,
Die jedem Sturm zum Trotz ihr Laub bewahrt,
Um dich zu schrecken durch den Anblick schon!

Clifford.

Und ich, vom Sturmhut reiß' ich deinen Bären
Und tret' ihn voll Verachtung in den Staub,
Zum Trotz dem Wärter, der den Bären hütet.

Der junge Clifford.

Und so zum Kampf, sieghafter Vater,
Die Meuterer und ihren Schwarm zu dämpfen!

Richard.

Pfui! christlich! schämt Euch! schimpft nicht so; denn wißt,
Ihr speist noch heut zu Nacht mit Jesu Christ.

Der junge Clifford.

Kannst du das wissen, Unhold, Schandgeselle?

Richard.

Wenn nicht im Himmel, na, dann in der Hölle.
(Alle ab nach verschiedenen Seiten.)

Zweite Scene.

Sanct=Albans.

Getümmel. Angriffe. **Warwick** tritt auf.

Warwick.

Clifford von Cumberland, der Warwick ruft;
Und wenn du dich nicht wegduckst vor dem Bären
Jetzt, da die zornige Trompete schmettert
Und Schreien Sterbender die Luft erfüllt,
So sag' ich, Clifford, komm und ficht mit mir!
Du stolzer Nordlandslord, Clifford von Cumberland,
Warwick ruft heiser sich nach dir zum Kampf.
(York tritt auf.)
Was gibts, mein edler Lord, warum zu Fuß?

York.

Clifford's tödliche Hand erschlug mein Roß;
Doch gleich um gleich hab' ich es ihm vergolten,
Zum Raub für Aaskrähn und für Geier hab' ich
Das wackre Thier gemacht, das er so liebte.
(Clifford tritt auf.)

Warwick.

Einer von uns muß sterben, oder beide.

York.

Halt, Warwick, such' dir eine andre Jagd,
Denn diesen Hirsch muß ich zu Tode hetzen.

Warwick.

Dann fürstlich, York; für eine Krone kämpfst du! —
So wahr ich heut zu siegen hoffe, Clifford,
Schmerzt es mich tief, dich unbekämpft zu lassen. (Ab.)

Fünfter Aufzug. Zweite Scene. 111

Clifford.

Was sieht denn York an mir? Was zauderst du?
York.

Ich würd' in deine Tapferkeit verliebt sein,
Wärst du nur nicht mit solchem Grimm mein Feind.
Clifford.

Auch deinem Muth gebräch' es nicht an Lob,
Wenn du ihn nicht in Treubruch schimpflich zeigtest.
York.

So helf' er jetzt mir wider deinen Degen,
Wie ich ihn darthun will fürs gute Recht!
Clifford.

Ich setze Leib und Seel' an diesen Kampf.
York.

Ein fürchterlicher Einsatz! Sieh dich vor!
Clifford.

La fin couronne les oeuvres!
(Sie fechten. Clifford fällt und stirbt.)
York.

Der Krieg gab Frieden dir, denn du bist still.
Friede mit deiner Seele, so Gott will!
(Der junge Clifford tritt auf.)
Der junge Clifford.

Schand' und Verwirrung! Alles flüchtet sich:
Furcht stiftet Unordnung, Unordnung Wunden
Statt Schutz und Wehr. O Krieg, du Sohn der Hölle,
Den Himmelszorn zu seinem Diener macht,
Wirf in die frost'gen Herzen unsres Heers
Kohlen des Grimms; laß keinen Kriegsmann fliehn!
Wer wahrhaft sich dem Krieg gewidmet hat,
Kennt keine Selbstsucht; wer sich selber liebt,
Der hat nicht wirklich, sondern blos durch Zufall
Den Preis der Tapferkeit.
(Er sieht die Leiche seines Vaters.)

O ende, arge Welt!
Und ihr, verheißne Flammen des Gerichts,
Verschmelzet Erd' und Himmel!

Die Weltposaune blase jetzt für alle
Und übertöne alles Einzelwesen
Und kleinen Schall! War's dir verhängt, mein Vater,
In Frieden deine Jugend zu verlieren,
Um so im Silberschmuck des weisen Alters
Zu sterben, statt im würdevollen Lehnstuhl,
Im wüsten Schlachtlärm? Jetzt, bei diesem Anblick
Versteint mein Herz und soll, solang' es mein ist,
Stein bleiben! York schont unsre Greise nicht:
So schon' ich ihre Knäblein nicht; die Thränen
Der Jungfraun seien mir wie Thau dem Feuer,
Und Schönheit, die den Wütherich oft rührt,
Sei meinem Flammenzorn wie Oel und Werg.
Ich will hinfort nichts mehr von Mitleid wissen;
Treff' ich ein Kindlein aus dem Hause York,
In so viel Bissen will ich es zerhaun,
Wie einst Medea dem Absyrtus that;
Ruhm will ich suchen in der Grausamkeit!
(Die Leiche aufhebend.)
Komm, neuer Schutt vom Haus des alten Clifford;
Sowie Aeneas trug den Greis Anchises,
So trag' ich dich auf meinen Mannesschultern:
Aeneas aber trug lebend'ge Last,
Nicht halb so schwer wie dies mein Herzeleid.
(Ab.)
(Richard Plantagenet und Somerset kommen fechtend. Somerset wird getödtet.)

Richard.

So, lieg' du da!
Hier unterm lump'gen Schilde einer Schenke,
Der „Burg" in Sanct-Alban, macht Somerset
Im Tode jenen Zaubermann berühmt.
Herz, bleibe grimm; fahr fort, Schwert, dich zu röthen!
Priester beten für Feinde, Prinzen tödten.
(Ab.)
(Getümmel. Angriffe. König Heinrich, die Königin und andere kommen, auf dem Rückzuge begriffen.)

Königin.

Fort, mein Gemahl! So langsam? Schäm' dich, eile!

König Heinrich.

Gott kann man nicht entrinnen. Theure, weile!

Königin.

Was seid Ihr denn? Ihr wollt nicht fliehn, noch fechten.
Jetzt ist es Mannheit, Weisheit, Widerstand,
Dem Feind zu weichen, Euch durch das zu sichern,
Was Ihr noch könnt; und könnt Ihr mehr als fliehn?
Wenn man Euch greift, dann sähen wir die Neige
All unsres Glücks; doch wenn die Flucht gelingt —
Was wohl geschehn mag, wenn Ihr nur nicht säumt —,
So ist uns London nah, wo man Euch liebt
Und dieser heut'ge Riß in unserm Glück
Gar bald zu heilen ist.

(Der junge Clifford tritt auf.)

Der junge Clifford.

Wär' nicht mein Herz gestellt auf fernres Unheil,
So flucht' ich Gott, eh' ich zur Flucht euch riethe:
Jetzt müßt ihr fliehn. Verwirrung herrscht unheilbar
Im Herzen aller unsrer Freunde hier.
Hinweg und rettet euch! Wir wollen leben
Und unser Schicksal ihnen wiedergeben.
Hinweg, mein Fürst, hinweg!

(Alle ab.)

Dritte Scene.

Das Feld bei Sanct-Albans.

Getümmel und Rückzug. Trompetenstoß; dann kommen **York, Richard Plantagenet, Warwick** und Truppen mit Trommeln und Fahnen.

York.

Von Salisbury, wer kann von ihm mir melden,
Dem Winterleu'n, der Alters Quetschungen
Und allen Wust der Zeit im Zorn vergißt
Und wie ein Held im ersten Jugendglanz
Frisch wird, wann's noththut? Dieser frohe Tag
Ist nicht er selbst, kein Fuß breit ist gewonnen,
Wenn Salisbury uns fehlt.

Richard.

Mein edler Vater,
Ich half ihm heute dreimal auf sein Pferd,
Stand dreimal über ihm, und führt' ihn dreimal
Hinweg und mahnt' ihn ab von weiterm Kampf;
Stets aber wo Gefahr war, traf ich ihn,
Und wie in dürft'ger Hütt' ein reicher Teppich,
So war sein Will' im schwachen alten Leibe.
Doch seht, da kommt er, edel wie er ist.

(Salisbury tritt auf.)

Salisbury.

Bei meinem Schwert, du hast heut brav gefochten;
Beim Kreuz, wir insgesammt! Ich dank' Euch, Richard;
Gott weiß wie lang' ich noch zu leben habe,
Und heut gefiel es ihm, daß dreimal Ihr
Mich rettetet aus tödlicher Gefahr. —
Nun, Lords, das Unsre ist noch unser nicht;
's ist nicht genug, daß unsre Feinde flohn,
Denn Gegner sind's, die sich gar leicht erholen.

York.

Ja, unsre Sicherheit liegt im Verfolgen;
Denn Heinrich, wie ich höre, floh nach London,
Und dort beruft er gleich ein Parlament.
Darum ihm nach, eh' seine Brief' ergehn!
Was meint Lord Warwick, setzen wir ihm nach?

Warwick.

Ihm nach? Nein, wenn wir können, ihm zuvor!
Bei Gott, Mylords, dies war ein stolzer Tag:
Sanct=Albans=Schlacht, vom großen York gewonnen,
Wird unvergessen sein in alle Zeit. —
Trompeten, blast! — Nach London laßt uns rücken,
Und mög' uns solch ein Tag noch oft beglücken!

(Alle ab.)

Anmerkungen
zu „König Heinrich der Sechste", Zweiter Theil.

S. 5, Z. 4 v. o.: „**Er läßt das Blatt fallen.**" — Diese Bühnenweisung findet sich in der ältesten Quartausgabe von 1594, welche zwar im Übrigen eine sehr schlechte Autorität besitzt, in solchen Nebendingen aber wol Beachtung verdient, da der Compilator des Textes sicherlich den Aufführungen auf dem Shakespeare'schen Theater beigewohnt hat.

S. 5, Z. 10 v. o.: „**Zum andern, so ist zwischen ihnen ferner vereinbart.**" — Man wird bemerken, daß der Cardinal das Friedensinstrument etwas anders als der Herzog von Gloster vorliest, was manchen englischen Commentatoren große Noth verursacht hat. Da die Abweichung schwerlich auf bloße Flüchtigkeit des Dichters zurückzuführen ist, so wird man annehmen dürfen, daß der Cardinal, weil er nur schon Vorgetragenes wiederholt und die Stelle sucht, wo er fortfahren muß, es mit den Worten nicht so genau nimmt.

S. 6, Z. 9 v. u.: „**Der den Bratspieß dreht.**" — Eine sprichwörtliche Redensart, soviel wie „der die Hauptgeschäfte lenkt".

S. 7, Z. 7 v. o.: „**Den Suffolk — rühr' ein Herzschlag diesen Herzog!**" — For Suffolk's duke, may he be suffocate! Ein Wortspiel mit dem Namen, wie z. B. das deutsche „General Vandamme, welchen Gott verdamme!" Manche Aesthetiker werden nicht müde, Shakespeare seine Neigung zu Calembourgs vorzurücken; in ähnlichen Situationen wie an dieser Stelle werden aber Calembourgs viel häufiger gemacht und sind mithin muthmaßlich viel natürlicher, als die strengen Geschmacksrichter annehmen. Fast alle Namen unpopulärer Minister, Feldherren u. s. w. sind, wenn sie nur einigermaßen dazu sich eigneten, vom Volksmunde zu derartigen grimmigen Späßen verwandt worden.

S. 7, Z. 16 v. o.:
"Daß Suffolk einen vollen Funfzehnten
Für Kosten ihrer Ueberfahrt begehrt."

Die außerordentlichen Steuern, welche das Parlament bewilligte, wurden nach dem geschätzten Einkommen umgelegt, und je nachdem auf je 10 oder 12 oder 15 Pfennige Einkommen ein Pfennig Steuer erhoben ward, hieß die letztere ein Zehnter, Zwölfter oder Funfzehnter. Funfzehnte oder, wie wir sagen würden, 6⅔ Procent Einkommensteuer kommen in der ältern englischen Geschichte besonders häufig vor; man darf aber nicht übersehen, daß die Abgabe immer nur eine außerordentliche und daß bei der Schätzung nicht das ganze wirkliche Einkommen getroffen wurde. Daß Suffolk für die Ueberfahrt der Königin "einen ganzen Funfzehnten in offnem Parlament begehrte", erzählt Holinshed mit sichtlicher Entrüstung.

S. 9, Z. 9 v. o.: "Und deine Thaten, Bruder York, in Irland." — Einer von Shakespeare's gleichgültigen Anachronismen. Der Herzog von York ging erst vier Jahre später als Regent nach Irland. Salisbury nennt York "Bruder", weil derselbe mit seiner Schwester, einer Tochter Ralf Nevil's, Grafen von Westmoreland, vermählt war.

S. 9, Z. 12 v. u.: "Das sagt auch York: er hat am meisten Ursach" — nämlich als Erbe des Reichs; der Herzog betrachtet sich als den rechtmäßigen König, seitdem im Ersten Theil des Dramas der sterbende Mortimer ihn über seine Rechte belehrt hat. Hier spricht er jedoch sich noch dunkel aus, sodaß Salisbury und Warwick den vollen Sinn seiner Worte nicht verstehen.

S. 9, Z. 10 v. u.: "Was sagt Ihr? Mähn? O Vater, Maine ist hin." — Salisbury sagt: achtet auf die Hauptsache, "look unto the main"; und von dem Schlußworte frappirt, antwortet Warwick: "Unto the main? O father, Maine is lost." Man wird in deutschen Versen wie in englischen "Maine" einsilbig, also mit "mähn" gleichlautend, gebrauchen dürfen. Wie sich von selbst versteht, mußte die Uebersetzung hier die Wörtlichkeit dem Klange opfern.

S. 10, Z. 16 v. o.:
"Was der verhängnißvolle Brand Althäa's
Für jenes Prinzen Herz von Calydon."

Der Prinz von Calydon: Meleager, der dem Mythus zufolge so lange leben sollte, als ein Holzscheit, das seine Mutter Althäa aus den Flammen gerettet hatte, unverbrannt blieb.

S. 10, Z. 20 v. u.: "Und darum nehm' ich die Partei der Nevils." — Salisbury und Warwick. Die Nevils waren ursprünglich, schon als Rivalen der Percys, lancastrisch gesinnt.

Anmerkungen zu „König Heinrich der Sechste", Zweiter Theil.

S. 13, Z. 9 v. o.: „**Wo seid Ihr denn, Sir John?**" — Die Herzogin nennt Hume „Sir", weil er Geistlicher war. Im Mittelalter gab man allen Priestern diesen Titel, der eigentlich Ritterrang bezeichnet.

S. 15, Z. 13 v. u.: „**Gegen meinen Meister Thomas Horner.**" — Holinshed erzählt, 1446 sei ein Waffenschmied von seinem eigenen Diener wegen Hochverraths denuncirt worden und habe einen Zweikampf mit demselben bestehen müssen, in welchem er, durch zu fleißiges Zutrinken seiner Freunde berauscht gemacht, erschlagen worden sei.

S. 19, Z. 11 v. u.: „**Hebt mir den Fächer auf! Ei, Schätzchen, könnt Ihr nicht?**" — Die Königin stellt sich, als ob sie glaube ein Hoffräulein neben sich zu haben. Solche Damen waren noch am Hofe der Königin Elisabeth vor allerhöchsten Maulschellen keineswegs sicher.

S. 19, Z. 8 v. u.:
„Wenn meine Nägel an Eu'r Lärvchen könnten,
Ich schrieb' Euch meine zehn Gebote drauf."
Der Ausdruck für das Einkratzen der zehn Nägel, ist nicht von Shakespeare erfunden, sondern volksthümlich, wie er auch in andern Sprachen vorkommt.

S. 20, Z. 11 v. u.: „**So wird Lord Somerset mich sitzen lassen.**" — York spielt auf die Zeit an, wo Somerset ihn im Stiche ließ, als es galt Talbot zu retten, wie im Ersten Theil des Dramas, IV, 3, dargestellt wird.

S. 22, Z. 5 v. o.: „**Ich dank' ergebenst Eurer Majestät.**" — Nach dem schlechtern Text der Quartos hat nach Gloster's Spruch der König zu sagen:
„So sei es denn: Mylord von Somerset,
Wir machen zum Regenten Frankreichs Euch."
In der „Folio" fehlen diese Verse, möglicherweise infolge eines Versehens, vielleicht aber auch, weil der Dichter sie gestrichen hatte, um die völlige Passivität des Königs zu charakterisiren.

S. 23, Z. 2 v. u.:
„Der Herzog lebt, so Heinrich einst entsetzt,
Doch überlebt und dann gewaltsam stirbt."
Das Orakel ist zweideutig, je nachdem man das Relativum „so" (im Englischen that) als Nominativ oder Accusativ auffaßt.

S. 24, Z. 10 v. o.: „**Donner und Blitz.**" — Diese Bühnenweisung ist aus der „Folio"; sie scheint anzudeuten, daß der Dichter eine wirkliche Geisterbeschwörung und nicht etwa einen bloßen Hocuspocus im Sinne hatte, obwol die Worte York's: „Legt Hand auf den Plunder!" aus einem ungläubigen Gemüthe stammen.

118   Anmerkungen zu „König Heinrich der Sechste", Zweiter Theil.

S. 25, Z. 6 v. o.: „Aio te, Aeacida, Romanos vincere posse." — Der Orakelspruch, welchen König Pyrrhus erhielt, als er in Delphi anfragte, ob er die Römer besiegen werde, wird von York citirt, weil er auch durch ein grammatisches Kunststück doppeldeutig ist.

S. 37, Z. 16 v. u.: „Doch König bin ich nicht, bis ich gekrönt bin." — Erst die Krönung macht den König: dies ist durchaus mittelalterliche Rechtsanschauung, der Shakespeare an vielen Stellen folgt.

S. 38, Z. 7 v. u.: „Mit Sir John Stanley auf der Insel Man." — Die Stanleys waren die Herrscher des kleinen Inselreichs Man, welches unter norwegischer, schottischer und zuletzt englischer Oberhoheit stand. Erst in unserm Jahrhundert hat eine Parlamentsacte das Haus Stanley, dessen Chef der Graf von Derby ist, dieser exceptionellen Würde entkleidet.

S. 39, Z. 6 v. u.: „So geht Lenorens junger Stolz zur Neige." — „Thus Eleanor's pride dies in her youngest days." Einige Ausleger verstehen: „So stirbt Eleonorens Stolz in ihren jungen Tagen", andere „in seinen jungen Tagen", noch andere „in ihren letzten Tagen", den „jüngst erlebten Tagen". Die letzte Erklärung hält Delius für die wahrscheinlichere; mir kommt sie etwas matt vor, und prägnanter erscheint mir die zweite, da der Ehrgeiz der Herzogin sogleich beim ersten Anlauf, gleichsam am Tage seiner Geburt schon, zu Falle kommt.

S. 40, Z. 13 v. u.: „Scharneco", ein süßer Wein, der bei einem Dorfe gleichen Namens unweit Lissabon wächst.

S. 47, Z. 1 v. u.: „Sodaß die Städte täglich los sich rissen." — Die französischen Städte rissen sich von der englischen Herrschaft los, weil es wegen mangelnden Soldes an Truppen fehlte, um sie zu behaupten.

S. 47, Z. 7 v. u.:
„Erfand er nicht, dem klaren Recht zuwider,
Fremdart'ge Todesart für kleine Schuld?"
In der Anklageschrift, welche Gloster's Feinde dem Parlamente zu Bury einreichten, wird ihm namentlich die Einführung ungesetzlicher Hinrichtungsarten vorgeworfen. Der Herzog, sagt Holinshed, reinigte sich von allen Anschuldigungen, aber seine Unschuld konnte ihn nicht mehr retten.

S. 48, Z. 4 v. u.:
„Schlimm Glück für mich, weil ich so fest auf Frankreich
Hoffnung gehegt wie auf das reiche England."
Derselbe Gedanke in fast gleichen Worten kommt schon in York's Monolog am Schlusse der ersten Scene des ersten Acts vor.

S. 49, Z. 8 v. o.: „Wohl, Suffolk's Herzog!" — Die Ausleger finden in dieser ungewöhnlichen Anrede: „Well, Suffolk's duke", eine bittere Anspielung auf Suffolk's neue Herzogswürde.

S. 51, Z. 6 v. o.: „Der nach dem Mond langt." — Ein ähnliches Bild für hochstrebenden Ehrgeiz gebraucht Heinrich Percy in „König Heinrich der Vierte", Erster Theil, I, 3.

S. 54, Z. 10 v. u.: „Ich will sein Priester sein", das heißt: „ich will ihn zum Tode führen", weil der Priester den Verurtheilten zur Hinrichtung begleitet.

S. 56, Z. 1 v. o.: „Die wilden Kerns von Irland." — „Kerns" heißen die celtischen Bauern in Irland, ein wildes, halbbarbarisches Geschlecht.

S. 57, Z. 17 v. u.:
„Grad aufrecht springen wie ein Mohrentänzer,
Die blut'gen Pfeile schüttelnd, wie der die Glöckchen."
Mohrentänzer: ein Tänzer in dem altenglischen Volkstanze, den man zu Shakespeare's Zeit morisco oder morris-dance nannte, und der im Mai und um Pfingsten auf der Straße aufgeführt wurde. York denkt an die Schellen, mit denen der Anzug der lustigen Person in diesen pantomimischen Aufführungen ausgestattet war.

S. 60, Z. 11 v. u.: „Und blutverzehrende Seufzer ihn erweckten." — Die Seufzer werden „blutverzehrend" und gleich darauf „bluttrinkend" genannt, weil man ihnen die Wirkung zuschrieb, daß sie das Blut verminderten und das Antlitz blaß machten.

S. 61, Z. 5 v. o.: „Was, bist du wie die Natter taub geworden?" — Nach dem Volksglauben ist die Natter taub.

S. 61, Z. 17 v. o.: „Da flucht' ich auf die milden Stürm' und ihn." — Die Stürme werden „milde" genannt, weil sie es mit der Königin gut meinten.

S. 62, Z. 4 v. o.:
„Mich zu bezaubern, wie Ascanius that,
Als er der rasenden Dido meldete
Von Trojas Brand und seines Vaters Thaten!"
Anspielung auf die Stelle in der „Aeneis", wo Amor in der Gestalt des Ascanius der Dido die Thaten und Tugenden des trojanischen Helden anpreist.

S. 68, Z. 6 v. o.: „Wenn Fluchen tödtete, wie Alrauenschrei." — Der Volkssage zufolge stößt die Alraunwurzel, wenn man sie aus der Erde zieht, einen so furchtbaren Schrei aus, daß wer ihn hört, stirbt oder wahnsinnig wird.

S. 69, Z. 6 v. o.: „Daß bei dem Siegel du an diese dächtest." — Die Königin muß hier auf ihre Lippen deuten, an welche man bei den Worten „an diese" zu denken hat, wie der folgende Vers beweist.

S. 74, Z. 12 v. o.: „**Sieh meinen Georg.**" — Eine Medaille mit dem Bilde Sanct-Georg's, die Suffolk als Ritter des Hosenbandordens trägt.

S. 74, Z. 9 v. u.: „**Und sagte mir, durch Seefahrt käm' ich um.**" — Im Englischen ist der Wortwitz des Orakels vollkommener. Der Corsar heißt dort **Walter**, welches in englischer Aussprache genau wie water klingt. Immerhin ist Schlegel's Einfall, den Namen **Seyfart** (Seefahrt) zu substituiren, sehr hübsch.

S. 76, Z. 4 v. o.: „**Poole? Sir Poole? Lord?**" — Der Kapitän gebraucht unehrerbietig den Familiennamen des Herzogs, anstatt ihn Mylord zu nennen; dann, als Suffolk entrüstet ausruft „Poole?" bestätigt er seine Frechheit und deutet das Wort pool (Pfuhl) in anzüglicher Weise.

S. 76, Z. 6 v. u.: „**Invitis nubibus.**" — Der Herzog von York adoptirte König Edward's III. Abzeichen, eine aus Wolken sich durchkämpfende halbe Sonne mit dem Motto „Invitis nubibus". Die „Sonne York's" ist daher ein beliebter Ausdruck im Munde seiner Anhänger. (Vgl. die ersten Verse in „Richard der Dritte".)

S. 77, Z. 4 v. o.: „**Als Bargulus, Illyriens starker Räuber.**" — Diesen classischen Piraten kannte Shakespeare aus Cicero's Werk „De officiis", von welchem es zu seiner Zeit zwei englische Uebersetzungen gab.

S. 77, Z. 13 v. o.: „**Pene gelidus timor occupat artus.**" — Ein Citat, das die Herausgeber noch nicht unterzubringen vermocht haben.

S. 78, Z. 4 v. o.: „**Wildes Inselvolk den großen Pompejus.**" — Daß Pompejus von wilden Insulanern ermordet worden sei, ist bekanntlich unhistorisch; vermuthlich verwechselte Shakespeare den Fall mit irgendeinem andern Morde.

S. 80, Z. 2 v. o.: „**Fallen sollen.**" — Wortspiel mit dem lateinischen cade, fall. Im Original sagt der Metzger bei Seite: „Oder vielmehr, weil er ein Tönnchen (cade) Häringe gestohlen hat", was sich nicht übertragen läßt.

S. 80, Z. 7. v. o.: „**Aus dem Geschlechte der Spencer.**" — Im Original heißt es: „von den Lacies", und darauf meint der Metzger, die Hausirerstochter habe allerdings „laces", Spitzen, Borten, verkauft.

S. 82, Z. 9 v. o.: „**Emanuel.**" — Emanuel bedeutet „Gott sei mit dir" und ward in diesem Sinne als Eingangsformel officieller Erlasse gebraucht.

Anmerkungen zu „König Heinrich der Sechste", Zweiter Theil. 121

S. 82, Z. 1 v. u.: „Du specieller Kerl." — Speciell (particular) ist der Gegensatz von generell und von General.

S. 84, Z. 6 v. u.: „Hellerwerfen", span-counter, wird so gespielt, daß man versucht eine Münze möglichst nahe an das vom Vormanne ausgeworfene Geldstück zu werfen; kann man die Entfernung zwischen beiden Stücken mit der Hand abspannen, so gewinnt man den Einsatz. Zu Heinrich's V. Zeit, sagt Cade, spielten die Buben das Spiel anstatt mit den üblichen Kupfermünzen mit Goldstücken aus der französischen Kriegsbeute.

S. 86, Z. 6 v. o.: „Die Fastenzeit soll noch eins so lang sein, und du sollst eine Schlachtlicenz haben für hundert Stück weniger eins." — Während der Fastenzeit dürfen die Metzger nicht schlachten; nur Märten soll die Erlaubniß haben, 99 Stück Vieh in dieser Zeit zu schlachten.

S. 86, Z. 8 v. o.: „Dieses Denkmal des Sieges will ich tragen." — Cade deutet auf die Rüstung des erschlagenen Stafford, welche er den Chroniken zufolge bei seinem Zuge nach London trug. Sie war mit goldenen Nägeln besetzt, wie Holinshed erzählt. — Das „Rathsschwert", von welchem Cade sogleich spricht, ist das Schwert, das dem Lord Mayor von London vorangetragen wird.

S. 88, Z. 10 v. o.: „Mein Fürst, zieht Euch nach Killingworth zurück." — „Killingworth" ist die ältere Form des Namens Kenilworth. Dies berühmte Schloß liegt in Warwickshire, nicht weit von Shakespeare's Geburtsort. — Bei den Meldungen der Boten hat man sich die Lage Londons zu vergegenwärtigen. Die Rebellen rückten von Süden heran und nahmen zuerst Southwark, die südliche am rechten Themseufer der City gegenüberliegende Vorstadt, dann die London-Brücke, damals die einzige, welche beide Ufer verband. Sie war von Holz gebaut and mit Häusern besetzt.

S. 90, Bühnenweisung: Der „Londoner Stein" ist ein uraltes Wahrzeichen der City, wahrscheinlich ein römischer Meilenstein, der in Cannon-street Jahrhunderte lag, bis man ihn an einer Kirche aufstellte, wo er, wenn wir nicht irren, noch jetzt zu sehen ist.

S. 90, Z. 3 v. o.: Die „Seigerinne", the pissing-conduit, in London wird auch von andern ältern Schriftstellern erwähnt. Vermuthlich war es eine stets laufende Wasserröhre, vielleicht durch eine menschliche Figur geleitet, die im Volksmunde diesen Namen führte.

S. 90, Z. 2 v. u.: „Savoyenhaus", ein von Peter von Savoyen erbauter Palast an der Themse, welcher bisweilen vom Könige, bisweilen von einem der Prinzen bewohnt ward. Die Londoner nannten ihn schlechtweg the Savoy.

S. 91, Z. 9 v. u.: „Der uns einundzwanzigmal den Funfzehnten abgenommen hat, und einen Schilling vom Pfunde bei der letzten Kriegssteuer." — Der funfzehnte

122   Anmerkungen zu „König Heinrich der Sechste", Zweiter Theil.

Pfennig war die gewöhnlich in Zeiten besondern Aufwandes erhobene Vermögensabgabe. Ein Shilling vom Pfunde ist ein Zwanzigster. (Vgl. die Anmerkung zu S. 7, Z. 16 v. o.)

S. 91, Z. 6 v. u.: „Na, Say, du Sämann, du Drescher, du Flegel." — Im Original: „Ah, thou say, thou serge, thou buckram lord!" (du Seibe, du Serge, du Steifleinewand): eine Ideenverbindung, welche lediglich an den Klang des Namens Say anknüpft.

S. 91, Z. 3 v. u.: „Musje Bäsimecü", corrumpirt für Baise-mon-cul, ein Schimpfwort für Franzose.

S. 94, Z. 3 v. u.: „Die Waarenlager aufnehmen." — „Take up commodities upon our bills", Waaren auf unsere Wechsel nehmen. Bill heißt aber zugleich: Hellebarte.

S. 96, Z. 7 v. o.: „Und jedermann anruft mit: Villageois." — In der Folio steht Villiago, was Theobald in Villageois verbesserte. Danach würden die Franzosen die Engländer auf französisch „Bauern" nennen. Nach einer neuern Delius'schen Conjectur wäre vielleicht Villiago soviel wie das italienische vigliacco, was bei Shakespeare's Zeitgenossen in der Schreibung viliaco, d. h. Lump, öfter vorkommt.

S. 98, Z. 15 v. u.: „Von Galloglassen und von derben Kerns." — Die Galloglassen und Kerns sind irische Milizen, halbwilde Truppen. (Vgl. „Macbeth", I, 2.)

S. 99, Z. 8 v. u.: „Grashälmchen." — Im Original „sallet", welches „Salat" und „Helm" bedeutet.

S. 107, Z. 11 v. o.:
„Ruft an den Pfahl hierher mein Bärenpaar,
Damit das bloße Schütteln ihrer Ketten
Dies tückisch lauernde Hundepack betäubt."

Mit dem Bärenpaar sind, wie sich sogleich zeigt, die Grafen von Warwick und Salisbury gemeint, beide aus dem Geschlecht der Nevils, die einen an den Pfahl ketteten Bären im Wappen führten. Bei den in Altengland hochbeliebten Bärenhetzen ließ man große Hunde gegen einen Bären los, der mittels einer Kette an einen Pfahl gebunden war.

S. 111, Z. 10 v. o.: „La fin couronne les oeuvres!" — Clifford's Wappenspruch und Feldgeschrei.

S. 112, Z. 7 v. u.:
„Hier unterm lump'gen Schilde einer Schenke,
Der «Burg» in Sanct-Alban, macht Somerset
Im Tode jenen Zaubermann berühmt."

Vor dem Wirthshause Zur „Burg" in Sanct-Albans fällt Somerset und erfüllt so die Prophezeiung des Zauberers Bolingbroke (Act 1, Scene 4).

Druck von F. A. Brockhaus in Leipzig.